Rudolf Eucken

Beiträge zur Geschichte der neuern Philosophie,

vornehmlich der deutschen gesammelte Abhandlungen

Rudolf Eucken

Beiträge zur Geschichte der neuern Philosophie,
vornehmlich der deutschen gesammelte Abhandlungen

ISBN/EAN: 9783743421899

Hergestellt in Europa, USA, Kanada, Australien, Japan

Cover: Foto ©ninafisch / pixelio.de

Manufactured and distributed by brebook publishing software (www.brebook.com)

Rudolf Eucken

Beiträge zur Geschichte der neuern Philosophie,

Inhalt.

		Seite
I.	**Forschungen zur ältern deutschen Philosophie**	
	Vorbemerkung.	3
	1. Nikolaus von Kues als Bahnbrecher neuer Ideen . .	6
	2. Paracelsus' Lehren von der Entwicklung	32
	3. Kepler als Philosoph	54
	Rückblick	75
II.	**Über Bilder und Gleichnisse bei Kant**	79
III.	**Zur Charakteristik der Philosophie Trendelenburgs** . . .	118
IV.	**Parteien und Parteinamen in der Philosophie**	
	1. Bildung und Wirkung der Parteien	146
	2. Zur Geschichte der Parteinamen	166

Vorwort.

Die in diesem Buche gesammelten Abhandlungen sind in den Jahren 1878 bis 1884 zuerst veröffentlicht und zwar bis auf eine in den Philosophischen Monatsheften; die Untersuchung über Bilder und Gleichnisse bei Kant erschien in der Zeitschrift für Philosophie und philosophische Kritik.

Eine Umarbeitung gegen die frühere Gestalt haben die Aufsätze in verschiedenem Grade erfahren, eine größere jedenfalls, als mir beim ersten Herantreten an die Sache nötig schien. Einer stilistischen Durchsicht habe ich natürlich alle unterzogen und dabei manches zu bessern gefunden, inhaltlich sind namentlich die Forschungen zur ältern deutschen Philosophie eingreifend umgewandelt. Denn es sind nicht nur die Abhandlungen mehr zu einem Ganzen verknüpft, sondern auch bei jeder einzelnen ist manches geändert. Bei Nikolaus von Kues waren die Linien hier und da genauer zu ziehen, bei Paracelsus galt es Berührungen mit der Gesamtentwicklung aufzusuchen und eine gewisse Schwerfälligkeit der Darstellung zu bekämpfen, bei Kepler mußte der Zusammenhang der Gedanken klarer bezeichnet werden. In den Untersuchungen über die Parteien habe ich den prinzipiellen Teil der Heraushebung des Wesentlichen halber etwas gekürzt, den historischen dagegen weiter ausgeführt, da eben dieser Gegenstand heute auf ein allgemeines Interesse rechnen darf.

Was die Sache anbelangt, so enthalten die verschiedenen Abschnitte bestimmte Thesen oder dienen doch besonderen Zwecken. — Hinsichtlich der ältern deutschen Philosophie muß ich zu der Behauptung stehen, daß ihre Leistungen nicht zerstreut und für die Gesamtentwicklung verloren waren, sondern daß sie als Ganzes einen Charakter und eine Bedeutung besitzen, daß sie eine unentbehrliche Übergangsstufe zwischen Mittelalter und Neuzeit bilden. Jede einzelne der vorgeführten Gestalten aber kann in eigentümlicher Weise anziehen. Nikolaus hat die weitesten Gedanken und enthält Keime fast aller modernen Ideenrichtungen, Paracelsus spannt vom Reiche des Lebendigen aus eine Entwicklungslehre über die ganze sichtbare Welt, Kepler vollzieht in der Theorie vom Weltbau einen Übergang von pythagoreischer Zahlenspekulation zu exakter Naturforschung. Bei allen liegt wunderlich Altes und Neues durcheinander, aber das Neue ringt sich los und drängt fortschreitend zu klarerer Einsicht hin.

Der Aufsatz über Kant sucht von einem meistens vernachlässigten Gesichtspunkt aus dem viel behandelten Gegenstand eine neue Seite abzugewinnen und das dabei heraustretende Ergebnis für die Gesamtauffassung des Denkers zu verwerten. — Zur Charakteristik der Philosophie Trendelenburgs möchte ich mitwirken, um damit zu einer gerechten Würdigung dieses heute unbillig vernachlässigten gediegenen und umsichtigen Forschers beizutragen. — Der Aufsatz über die Parteien überschreitet einigermaßen den Rahmen der Gesamtarbeit, denn das Problem ist nicht ausschließlich modern; aber ihre reichste Entfaltung haben die Parteien doch in der Neuzeit gefunden und was heute an Namen gang und gäbe ist, hat ganz überwiegend hier seinen Ursprung. — Bei den Parteien selber kam es darauf an, das Phänomen, das meist wie selbstverständlich hingenommen wird, in seine Probleme und Gründe zu verfolgen, bei den Parteinamen aber, durch Aufhellung ihrer Geschicke einen kleinen Beitrag zur Entwicklungsgeschichte des modernen Bewußtseins zu geben.

Mögen diese Untersuchungen, welche überall den Zusammenhang der philosophischen Arbeit mit dem allgemeinen Geistesleben wie mit der Persönlichkeit der einzelnen Denker ins Auge fassen, eine freundliche Aufnahme finden.

Jena.

Rudolf Eucken.

I.

Forschungen

zur

ältern deutschen Philosophie.

Vorbemerkung.

Das Interesse für die ältere deutsche Philosophie ist neuerdings unverkennbar im Steigen begriffen. Aber trotzdem herrschen immer noch in weiten Kreisen des Volkes, dem vor anderen die Erforschung der Geschichte der Philosophie zur Aufgabe geworden ist, über die eigene Betheiligung an dieser Geschichte verworrene, wenn nicht falsche Begriffe. Nach der Vorstellung der meisten hat erst mit Leibniz der philosophische Genius das deutsche Volk auf die Höhe der Zeitbewegung geführt; aber auch wenn das Frühere Beachtung findet, so stehen leicht die einzelnen Leistungen ohne Zusammenhang nebeneinander und erscheinen mehr wunderlich als bedeutsam Schon das Mittelalter kann hier durch Albertus Magnus und Eckhart eines andern belehren. Daß aber in der Übergangszeit die Deutschen an weltumspannenden Gedanken den anderen Völkern voranstanden, daß ihnen der Mann angehört, in dem sich, wenn irgend an einer besondern Stelle, die Wendung vom Mittelalter zur Neuzeit vollzog, daß auch schon die verschiedenen Individuen eine gewisse Gemeinsamkeit nationaler Eigenart bekunden, und daß das Schaffen aus solcher Eigenart fruchtbar in die allgemeine Geistesbewegung eingegriffen hat, dem zu allgemeiner Anerkennung zu verhelfen ist

Sache, nicht etwa nationaler Eitelkeit, sondern schlichter Gerechtigkeit. Die Einzigkeit der Wahrheit verwehrt ohne Zweifel, nationale Gestaltungen der Philosophie in dem Sinne wie nationale Gestaltungen der Kunst nebeneinander stehen zu lassen, sie verwehrt aber nicht, innerhalb der gemeinsamen Arbeit die charakteristischen Leistungen der mitwirkenden Völker als Ganzes zu verfolgen. Eben aus dem Ineinandergreifen der verschiedenen Kräfte mag ein reicheres und lebensvolleres Bild der Gesamtbewegung erwachsen. Darf uns aber in solcher Einschränkung das Nationale beschäftigen, so haben auch die philosophischen Anfänge des Volkes, das selbst den anderen nicht selten das vornehmlich philosophische Volk der Neuzeit heißt, ein Recht auf zusammenhängende Behandlung. Wir brauchen diese Anfänge darum nicht zu überschätzen. Gewiß enthalten sie keine klassischen Leistungen, derer wir uns heute als eines reinen Schatzes in voller Hingebung erfreuen könnten, — am ehesten dürfte das noch bei einzelnen Abschnitten Meister Eckharts möglich sein —, aber sie sind doch nicht bloß schüchtern tastende Versuche: sie zeigen eine eigentümliche philosophische Art in kräftig aufsteigender Entfaltung. Im besondern die Philosophen der Übergangszeit bekunden deutsche Art in dem Streben nach einem Letzten und Ganzen, nach Weltgedanken, in denen sich die Gegensätze menschlichen Daseins ausgleichen sollen, nach kühner Umwandlung des nächsten Weltbildes in ein Gedankenreich, nach Ausbildung eines Lebens reiner Innerlichkeit vor allen äußeren Erfahrungen und Leistungen. Indes sie zeigen auch nicht minder deutsche Unart in der Geringschätzung der Form, der Schwerfälligkeit der Entwickelung, in dem ungestümen Drängen auf einen fertigen Abschluß, dem Hinausfliegen der Gedanken über das Gebiet möglicher Erfahrung. Aber so üppig solche Mißstände in einer Zeit aufwuchern mußten, wo die Umrisse einer neuen Welt sich eben erst aus dem Nebel herausarbeiteten, und wo subjektives Begehren und Beginnen noch so ungehemmten Spielraum hatte, das Große der Anregung, die Kraft der Jugend in jenen Bestrebungen zu ersticken haben sie nicht vermocht. Und was immer uns jene Männer an der Schwelle der Neuzeit bedeuten, das bekunden sie unleugbar, daß auch auf philosophischem Gebiete unsere Kultur nicht erst von gestern und heute ist. Uns Deutschen sind sie Fleisch von unserm Fleisch und Blut von unserm Blut; wenn sie uns mit ihrer größern Unbefangenheit die Eigenart und Stärke unseres Volkes deutlich verkünden, so mögen auch ihre Irrungen vor den Gefahren warnen, denen diese Art ausgesetzt ist.

Nun liegt es nicht in unserer Absicht eine fortlaufende Darstellung jener Zeit zu unternehmen, wir begnügen uns damit aus jedem der Jahrhunderte einen Mann herauszugreifen, der uns besonders charakteristisch und für den Fortgang des Erkennens einflußreich scheint. So mögen Nikolaus von Kues, Paracelsus, Kepler hier eine Stelle finden.

Nikolaus von Kues als Bahnbrecher neuer Ideen.*)

> Nulla est res vacua seu vana
> in fundamento naturae. Nic.

Kein Forscher der Übergangszeit hat neuerlich mehr Beachtung gefunden als Nikolaus von Kues. Bedeutende Gedanken des Mannes sind hervorgezogen, seine Einwirkung auf Jordano Bruno und Leibniz ist in helles Licht gestellt, ja der Ehrenplatz am Eingang der neuern Philosophie wird ihm immer bereitwilliger zuerkannt. Trotzdem bleibt auch jetzt für ihn genug zu thun übrig. Nicht nur fehlt noch immer ein Gesamtbild des Mannes, das den Anforderungen der gegenwärtigen Forschung entspräche; auch darüber, was vornehmlich an ihm charakteristisch, was einem neuen Welttage Bahn brechend, findet sich selten genügende Klarheit. Und dessen dürfen wir uns nicht verwundern. Denn so, wie sich bei Nikolaus die Gedankenentwickelung unmittelbar ausbreitet, liegt verschiedenartiges und verschiedenwertiges wirr durcheinander, ja innerlich feindseliges verknüpft sich oft wie zu

---

*) Zuerst veröffentlicht 1878 (Philos. Monatsh. XIV. 449—470). Die seitdem (1880) erschienene feinsinnige Untersuchung von R. Falckenberg „Grundzüge der Philosophie des Nikolaus Cusanus mit besonderer Berücksichtigung der Lehre vom Erkennen" hat zur Klärung des Gegenstandes auf's erheblichste beigetragen, aber eine Erörterung wie die unsere ihrer eignen Absicht nach nicht überflüssig gemacht.

einem untrennbaren Gewebe; der Gedanke versteigt sich wohl in schwindelnde Höhen, auf denen alle Erinnerung an anschauliche Wirklichkeit erlischt; endlich kann auch der Freund der Sache nicht leugnen, daß die Darstellung nicht selten durch Dunkelheit das Verständnis erschwert, durch barbarische Form den Geschmack beleidigt. Aber wenn inmitten dessen, was flüchtiger Ansicht ein wüstes Chaos dünken mag, sich wirklich eine neue Denkart bemerklich machte, ja wenn hier auf wissenschaftlichem Boden zuerst das moderne Weltbewußtsein hervorbräche, um mit dem Überkommenen zu ringen, so wäre ein Versuch, die Gesamtheit des Neuen klar herauszuheben und aus Neuem und Altem ein treues Gesamtbild des Forschens zu gewinnen, nicht ohne genügende Begründung.

Aber nicht so weit geht unser Unternehmen. Wir möchten nur einige der Gedanken bezeichnen, die später in weiterer Entfaltung das Geistesleben mächtig bewegt, ja verwandelt haben. Wir wissen, daß bei Nikolaus in dem Zusammentreffen verschiedenartiger Welten solche Gedanken nicht auftreten können, ohne Widerstand und Abschwächung zu erfahren, und daß sie darum mehr Antriebe, als geschlossene Leistungen bedeuten, aber wenn solche Antriebe nicht bloß schattenhafte Umrisse, sondern lebendige Kräfte, wirksame Faktoren des Ganzen waren, und wenn sie nach Befreiung von den hier einengenden Schranken mächtig in das allgemeine Leben eingegangen sind, so läßt sich ein Verweilen bei solchen modernen Zügen, eine Zusammenfassung solcher Züge, bei allem Bewußtsein, daß sie nur ein Teil des Ganzen waren, wohl rechtfertigen. Wir beginnen dabei von den allgemeinsten Fragen des Weltbestandes, um uns weiter der nähern Beschaffenheit des Alls, dem menschlichen Lebenskreise, und endlich der Geschichte und Natur zuzuwenden.

Wie Nikolaus seiner allgemeinen Art nach niemandem näher

steht als den Neuplatonikern, so setzt er mit ihnen alle Realität letzthin in ein transcendentes Eins und versteht die Welt lediglich als Offenbarung und Darstellung desselben. „Was ist die Welt anders als die Erscheinung des unsichtbaren Gottes, Gott anders als die Unsichtbarkeit des Sichtbaren?" „Alle Dinge sind Erscheinungen des einen Gottes, der bei seiner Einheit doch nur in der Vielheit erscheinen kann." Diesen Grundgedanken prägt der Philosoph nach zwiefacher Richtung aus, auf die Gefahr hin sich in ernste Schwierigkeiten zu verwickeln. Die Welt entspringt einer wirklichen That Gottes und darf mit ihrer Vielheit nicht zum Schein, etwa zu einer bloß menschlichen Ansicht des göttlichen Wesens, herabgesetzt werden; andererseits kommt alles Sein in ihr auf Gott zurück, so daß sie sich nicht von ihm losreißen und ihm entgegenstellen läßt. „Gott ist das absolute Wesen der Welt", die Wesenheit der Dinge selber.

Das Verhältnis von Gott und Welt, von Einheit und Vielheit sucht Nikolaus dem Verständnis näher zu bringen durch die Begriffe der Einwicklung und Auswicklung (complicatio und explicatio).*) Was die göttliche Einheit kompliziert enthält, das zeigt die Welt expliziert; es ist dasselbe Sein, was dort in seinem wesenhaften Grunde, hier in seinem Heraustreten vorliegt. Indem Gott sich zur Welt entwickelt, geht er freilich nicht in sie auf, vielmehr beharrt das Leben des Dreieinigen in überweltlicher Erhabenheit, aber deswegen stehen Einheit und Vielheit nicht äußerlich und wie gegebene Größen nebeneinander, vielmehr findet eine stete lebendige Bewegung zwischen ihnen statt. Die Einheit ist, wie im göttlichen Wesen, so auch in der Weltoffenbarung nicht ein starrer Grund, sondern eine thätige Kraft: in fortdauerndem Wirken schafft und erhält sie sich; dadurch, daß sie etwas sich gleich-

---

*) Selten findet sich dafür evolutio.

setzt, bringt sie die Vielheit hervor. Schöpfung und Weltprozeß sind nichts anderes als ein stetes Identifizieren der Ureinheit.*) Aber auch bei jedem Besondern in der Welt findet sich der Trieb, alles dem eigenen Sein gleich zu machen; daraus eben entspringt Bewegung und Kampf, Werden und Untergang der Wesen.**) Daß solches Wirken unmittelbar in die Welt selber verlegt wird, daß die Dinge selber leben und streben, das bekundet deutlich den Geist einer neuen Zeit. Es erweist sich mächtig die Grundüberzeugung des Nikolaus von dem Sein als einem lebendigthätigen. Nicht nur wird überall das Sein als Kraft (vis, virtus) bestimmt, Gott als die unendliche Kraft, der Geist als die Kraft des Begreifens gefaßt, sondern aller Kraft wird auch ein ursprünglicher Trieb zur Bethätigung beigelegt.***) Aus solchen Überzeugungen mußte sich das Wirken von Gott zur Welt erheblich umgestalten, wenn auch bei Nikolaus der mittelalterlich-kirchliche Dualismus die Ausbreitung der pantheistischen Strömung hemmte.

Auch die Philosophie des ausgehenden Altertums hatte einen innerlichen Zusammenhang von Welt und Gott verkündet, aber dieser Gedanke schien nur unter der Bedingung

---

*) S. z. B. I, 70b (die Schriften des Nikolaus werden nach der Pariser Ausgabe von 1514 zitiert): Potest creatio seu genesis dici ipsa assimilatio entitatis absolutae, quia ipsum idem identificando evocat nihil aut non ens ad se. — Pluralitas, alteritas, varietas et diversitas et caetera talia surgunt ex eo quia idem identificat.

**) I, 70b: Illa cum quodlibet sit idem sibi ipsi, nituntur identificare: sicut calidum calefacere, frigidum frigefacere. sic cum calidum non calidum ad sui identitatem vocat et frigidum non frigidum ad suam identitatem vocat: oritur pugna, et ex hoc generatio et corruptio etc.

***) S. z. B. II, 132a: sicut oculus naturaliter inclinatur ad videre, ita intellectus ad intelligere et omnis virtus ad operationem.

durchführbar, daß zwischen das nächste Dasein und das letzte Sein eine ganze Reihe von Stufen eingefügt würde. Das Reine und Heilige war nicht fern genug von dem unlautern Welttreiben zu halten. Anders bei Nikolaus. Mag er eine gewisse Stufenfolge der göttlichen Offenbarung annehmen, herrschend ist der Gedanke, daß Gott in Allem unmittelbar mit der ganzen Fülle seiner Kraft gegenwärtig sei. Es fällt die Ideenlehre, sofern sie zwischen Gott und Welt vermittelnde Formen einschiebt. Denn es giebt nur Eine unendliche Form der Formen, keineswegs von den Einzelwesen getrennte Ideen als draußenliegende Vorbilder. Die Annahme einer Weltseele oder einer Natur neben Gott ist verwerflich; es ist lediglich unsere Auffassung, welche zwischen ihn und die Dinge Mittelglieder einschiebt.*) „Gott allein ist Seele und Geist der Welt." In diesem Zusammenhange kann die Welt nicht als ein schlechtes und nichtiges erscheinen, es läßt sich in ihr Gott finden, und von dem Sichtbaren zu dem darin gegenwärtigen Unsichtbaren fortschreiten.

Bei einer solchen Stellung der Welt zu Gott muß ihr Inhalt im Ganzen wie im Einzelnen das göttliche Wesen ausdrücken. Als Gesamtheit des Vielen kann sie zwar die absolute Unendlichkeit Gottes nicht fassen, aber eine eingeschränkte „zusammengezogene" (kontrahierte) Unendlichkeit ist ihr nicht verwehrt. So wird ihr eine Endlosigkeit in Zeit und

---

*) S. I, 92a: Ego nec animam illam nec naturam aliud esse conicio quam deum omnia in omnibus operantem, quem dicimus spiritum universorum. — Ob hoc tribuerunt necessitatem complexionis illi animae seu naturae, quia necessitatur determinate sic agere, ut absoluta necessitas imperat. Sed non est nisi modus intelligendi: quando scilicet mens nostra concipit deum quasi artem architectonicam cui ars alia executoria subsit, ut conceptus divinus in esse prodeat. Sed cum voluntati omnipotenti omnia necessario obediant, tunc voluntas dei alio executore opus non habet; nam velle cum exequi in omnipotentia coincidunt.

Raum beigelegt. Wenigstens ist dies die letzte Meinung des Nikolaus, so sehr er einem offenen Gegensatz zur altchristlichen Lehre ausweicht. Kann Gott nach einer mittelalterlichen Bezeichnung das negativ Unendliche heißen, so ist die Welt das privativ Unendliche.*) Mit Recht durfte sich daher Cartesius für seine Lehre von der Welt auf Nikolaus berufen.**) Im weiteren aber hängt die Beschaffenheit des Weltgeschehens daran, wie in ihm Vielheit und Einheit zur Ausgleichung kommen. Daß die Welt ein Gesamtleben führe, in dem sich alles Einzelne dem Ganzen unterordnet, das ist die Grundüberzeugung; aber Nikolaus ist nicht gewillt, deshalb die Realität des Einzelnen aufzugeben. Brennen in einer Kammer viele Kerzen, sie mitsammen zu erleuchten, so bleibt doch das Licht einer jeden Kerze unterschieden von dem der anderen (s. I, 92 a). So kann, ja muß es auch in der Welt selbständige Wesen, „Individuen", geben und in solchen Individuen das Geschehen sich vollziehen. Denn in Wirklichkeit besteht hier das Allgemeine nur im Einzelnen, von ihm losgerissen wird es ein bloßes Gedankending (ens rationis). Aber es existiert das Einzelne wiederum nur durch seine Teilnahme am göttlichen Sein, ein jedes drückt dasselbe aus und enthält es seiner Ganzheit nach, wenn auch in „zusammengezogener" Weise (contracte). Hier gewinnt der Gedanke der Entwickelung eine eigentümliche Bedeutung. Das besondere Sein ist nicht unendlich, aber es enthält durch Gott alle Realität dem Keim nach; als ein lebendig thätiges kann es

---

*) I, 13a: Solum absolute maximum est negative infinitum. Quare solum illud est id quod esse potest omni potentia, universum vero cum omnia complectatur quae deus non sunt, non potest esse negative infinitum, licet sit sine termino et ita privative infinitum, et hac consideratione nec finitum nec infinitum est.

**) Ep. I, 36, 80: Primum memini, cardinalem Cusanum doctoresque alios plurimos supposuisse mundum infinitum.

sich zum Weltall entfalten und ins Unendliche wachsen. So entspringt aus allen den einzelnen Punkten eine rastlose Bewegung, der Blick wird auf die Zukunft gerichtet, in dem Fortschreiten zu einem immer reichern Lebensinhalt unsere Aufgabe gefunden. Da ist nirgend eine Grenze zu erblicken, weiter und weiter geht das Streben und unmittelbar aus solchem unendlichen Streben werden wir der Unsterblichkeit unseres Geistes gewiß.

Wie hier, so kommt auch in der Lehre von der spezifischen Unterschiedenheit aller Individuen Nikolaus mit Leibniz überein. Ihrem allgemeinen Inhalt nach ist diese Lehre freilich alt. Was die Stoiker zuerst in systematischem Zusammenhange aufstellten, war von den Neuplatonikern weitergeführt und vertieft. Aber merkwürdig ist einmal bei Nikolaus die Begründung jenes Gedankens, wenn er meint: „Es kann nicht mehrere vollständig gleiche Dinge geben, denn dann wären sie nicht mehrere, sondern das gleiche selber" (I, 210b); denn er stellt damit recht eigentlich das später sog. principium identitatis indiscernibilium auf, das natürlich nur in einer streng intellektualistischen Weltbegreifung eine Stätte hat. Dann aber macht sich die Überzeugung von der Einzigartigkeit der Individuen weit mächtiger geltend und führt zu Ergebnissen wie Problemen, welche dem Altertum fern lagen. Es blitzt der Gedanke auf, daß alles Geschehen etwas den Einzelwesen innerliches, von ihrer Natur abhängiges und dadurch verschieden bestimmtes sei: jeder lebt in seiner eigenen Welt, das hat schon Nikolaus erkannt.*)

Nach solcher Auflösung der Welt in einzelne Bestandteile

---

*) Darum ist ihm aber das Einzelwesen noch nicht in Leibnizischer Weise etwas allem andern gegenüber völlig selbständiges. Vielmehr läßt er auch von außen Veränderungen erfolgen, s. I, 56b: ex diversitate nutrimenti atque locorum individua variari necesse est. Solche Änderungen vollziehen sich „successiv".

wird der Zusammenhang neu zu begründen sein. Hier geht Nikolaus teils fremde Wege, teils versucht er eigene. Nach Vorgang des Altertums bieten sowohl das Lebewesen als das Kunstwerk Analogieen für die Verknüpfung des Vielen zur Einheit. Wie die Glieder des Organismus, so fügen sich die Teile der Welt zu einem gemeinsamen Leben, für das doch jedes Einzelne seine besondere Bedeutung hat; ferner steht alles Mannigfache in festen Verhältnissen zu einander wie die Bestandteile eines Kunstwerkes, alles fügt sich einer einzigen Harmonie ein, welche auch die Gegensätze überwindet. So sehr Nikolaus darauf verzichtet, die Gesetze dieser Harmonie, die „harmonischen Proportionen" zu ergründen, der Gedanke bestimmter mathematischer Verhältnisse in den Erscheinungen ist von hier mächtig in die neue Wissenschaft eingegangen. Erst sehr allmählich ist der Übergang von der Zahlensymbolik des ausgehenden Altertums zur exakt mathematischen Naturlehre der Neuzeit vollzogen, aber ein geschichtlicher Zusammenhang ist unverkennbar. In Kepler hat die Umbildung sich entschieden. Nikolaus darf hier nur als Vorläufer gelten.*)

In anderer Weise sorgt er für den Zusammenhang des Weltalls, indem er die ganze Mannigfaltigkeit als eine lückenlose Stufenfolge begreift. Auch hier stehen seine Gedanken in einem geschichtlichen Zusammenhange. Eine von Gott absteigende Folge der Wesen war von Plotin behauptet, Augustin nahm von dieser Lehre auf,**) vor allem aber gelangte sie durch Dionysius zu weiterer Entfaltung und allgemeiner Ver=

---

*) Kepler kannte Nikolaus wohl, er erwähnt ihn öfter und schätzt ihn trotz gelegentlicher Abweichung hoch. S. z. B. die Stelle (Kepl. op. ed. Frisch I. 122): Hac una re divinus mihi Cusanus aliique videntur, quod recti curvique ad invicem habitudinem tanti fecerunt, et curvum Deo, rectum creaturis ausi sunt comparare.

**) S. z. B. op. VII, 229 F.: (deus) aliis dedit esse amplius, aliis minus, atque ita naturas essentiarum gradibus ordinavit.

breitung. Bei Nikolaus geht aber das Interesse nicht so sehr dahin, den größern oder geringern Abstand der Dinge von Gott zu ermessen, als der Welt selber Ordnung und Zusammenhang zu bringen. Überall schließt sich ihm das eine an das andere, die Gattungen berühren sich in den Endpunkten, die Welt bildet ein fortlaufendes Ganze.*) In diesem Ganzen ist ein jedes an seiner Stelle eigenartig und unersetzlich, keine Stufe kann aber ohne die andere sein, so daß ein jedes auf alles Übrige hinweist. Daher ist in der Welt nichts zu erkennen ohne das Ganze und darf nichts geliebt werden als im Zusammenhang des Alls.**) Ja, indem ein Jedes sich selber zu erhalten strebt (esse suum conservare), wirkt es in dem Ganzen und für das Ganze (I, 22a). So gestaltet sich ein reiches und lebensvolles Weltgemälde. „Kein Ding ist leer oder unnütz in dem Grunde der Natur. Denn jedes hat seine eigene Thätigkeit. Jede Vielheit verknüpft sich in harmonischer Ordnung zur Einheit, gleichwie viele Töne eine Harmonie erklingen lassen und viele Glieder einen Körper bilden. Der belebende Geist einigt den ganzen Körper und durch das Ganze die Glieder und Teile" (II, 131 a).

Die Verwandtschaft solcher Lehren mit den Haupt-

---

*) S. z. B. I, 24b: inter genera unum universum contrahentia talis est inferioris et superioris connexio, ut in medio coincidant, ac inter species diversas talis combinationis ordo existit, ut suprema species generis unius coincidat cum infima immediate superioris, ut sit unum continuum perfectum universum. Omnis autem connexio graduativa est et non devenitur ad maximam, quia illa deus est. Non ergo connectuntur diversae species inferioris et superioris generis in quodam indivisibili magis et minus non recipienti, sed in tertia specie cujus individua gradualiter differunt, ut nullum sit aequaliter participans utramque quasi ex ipsis sit compositum.

**) I, 64b: Nihil universi diligendum est, nisi in unitate atque ordine universi.

gedanken Leibnizens hat Zimmermann zutreffend und klar entwickelt, aber auch die Anknüpfungspunkte nach der andern Seite dürfen nicht vergessen werden. Ziemlich alle jene Lehren finden sich, wenn auch minder geklärt, bei Plotin, und sie sind von ihm her ohne Zweifel zu unserem Philosophen gekommen. Insofern ist alles bei ihm alt und doch ist das Alte ein Neues geworden. Denn die bis dahin jenseitige Idealwelt tritt nun mit allen ihren Eigenschaften unserer Welt näher, sie scheint den Menschen unmittelbar zu umfangen, aufzunehmen, zu beseligen; alle ihre Bestimmungen dürsten jetzt nach lebendiger Erfüllung, sie bringen in die Wirklichkeit ein, um sie zu erfassen und zu gestalten. Freilich kommt solcher Drang noch nicht über ungefüge Grundzüge hinaus; sobald wir aufs Besondere gehen, vermengt sich Ding und Symbol, Bild und Begriff, die Gestalten entschlüpfen uns, wo wir sie sicher zu haben vermeinen; aber die Wendung des Lebens ist doch unverkennbar: das Streben geht mit aller Kraft zur Welt hin, statt sich von ihr loszureißen.

Indem wir uns versagen, dies im einzelnen zu verfolgen, vermerken wir nur eins als besonders charakteristisch: die Stellung, welche Nikolaus der Mathematik in seinem System zuerkennt. Schon ihrer selbst wegen hält er dieselbe sehr hoch, ja er meint, daß wir nichts Sicheres in unserem Wissen besitzen außer ihr. Dann aber wird sie ihm vorbildlich für alles Erkennen. Zwar soll zunächst die Mathematik nur als Symbol die uns letzthin unerforschliche Wahrheit vertreten, und so werden ihre Größen und Verhältnisse oft bildlich verwandt. Zu manchmal ausartenden Gleichnissen giebt z. B. der Kreis Anlaß; in immer neuen Beispielen wird der Hauptsatz der kusanischen Spekulation vom Zusammenfallen der Gegensätze im Absoluten veranschaulicht. Der größte Winkel ist auch der kleinste, der unendliche Kreis wird zur geraden Linie u. s. w.

Aber was Bild sein sollte, fließt in das Denken selber ein und beginnt es zu lenken. Die wichtigsten Lehren erhalten von hier eine spezifische Gestalt. Das Erkennen selbst wird ein Messen, ein Zurückführen des Unbekannten auf ein Bekanntes;*) die Grundbegriffe der Einheit und Vielheit, ursprünglich rein ontologischer Natur, bekommen eine mathematische Färbung; die Zahl ist das „erste Urbild der Dinge im Geist des Schöpfers", sie erscheint als die allem andern vorangehende Bestimmung derselben. Denn abgesehen von der absoluten Einheit ist, wie Nikolaus lehrt, alles zusammengesetzt, keine Zusammensetzung aber kann ohne Zahl erkannt werden.**) Mehr und mehr vermengt sich Mathematisches und Metaphysisches, ja diese Vermengung ist ein Hauptgrund der Dunkelheit und Verworrenheit kusanischer Lehren. Andererseits aber brachte er erst durch das Mathematische seine metaphysischen Prinzipien in Fluß und befähigte sie, die Wirklichkeit zu ergreifen. Rasch wäre er mit seinem Denken am Ende gewesen, wenn er seine ontologischen Prinzipien streng festgehalten hätte. Auch hier erinnert Nikolaus an Leibniz. Denn auch diesem verwandeln sich, freilich noch versteckter, die metaphysischen Begriffe in mathematische und erleichtern es ihm damit, von der Höhe reiner Begriffe den Weg zur Erscheinungswelt zurückzufinden.

Bis dahin erörterten wir nur, in welchen Formen sich

---

*) mens wird mit mensurare in Zusammenhang gebracht.
**) I, 42a: Nec quicquam numero prius esse potest. Cuncta enim alia ab ipso ipsum necessario fuisse affirmant. Omnia enim simplicissimam unitatem exeuntia composita suo sunt modo. Nulla vero compositio absque numero intelligi potest. Nam partium pluralitas atque earum diversitas, simul et proportio componibilitatis ex ipso sunt. Neque alia res substantia, alia quantitas, alia albedo, alia nigredo et ita de omnibus, absque alietate esset, quae ex numero est.

unserem Philosophen Welt und Weltgeschehen darstellen; nun aber kann die Frage nach der inhaltlichen Bestimmung des Seins nicht weiter umgangen werden. Zunächst erscheint hier Nikolaus als Gesinnungsgenosse der Mystiker. Die letzte Beschaffenheit des Seins gilt ihm als unerkennbar; nur das vermögen wir zu wissen, was es nicht ist, und dies Nichtwissen zum klaren Bewußtsein zu bringen, ist die Summe der docta ignorantia, welche den Gipfel aller Forschung bildet.*) Es bleibt immer ein Dunkles im Grunde, nie können Welt und Leben in klare Begriffe aufgehen. Indes so wie das Sein heraustritt und sich in diesem Heraustreten näher bestimmt, giebt es sich als ein intellektuelles. Die göttliche Einheit stellt sich in der Dreieinigkeit dar als die Einheit des Intellektes, des Intelligiblen und des Erkenntnisaktes; aus dem Erkennen Gottes entstehen die Dinge und ihre Vielheit ist nichts als eine Erkenntnisart des göttlichen Geistes;**) der Intellekt schafft aus sich und vereint in seinem Wirken alle Ursachen: bewegende, Form- und Zweckursache. Das Intellektuelle steht als Prinzip vor dem Lebendigen, wie dieses vor dem bloß Existierenden; Sein, Leben, Denken, das ist die große Stufenfolge des Alls.

In der Durchführung solcher Gedanken geht Nikolaus weit über die ihm sonst verwandten Neuplatoniker hinaus. Trotz aller Anstrengung haben jene das Stoffliche als selbständige Macht nicht aus der Welt entfernen können; Nikolaus

---

*) Der eigentümliche Ausdruck docta ignorantia entstammt der Mystik. Er soll jene letzte Erfassung Gottes kennzeichnen, welche jenseits alles vernunftmäßigen Wissens liegt. Der zu Grunde liegende Gedanke findet sich schon bei Dionysius, der Ausdruck ist nicht über Bonaventura zurückzuverfolgen; s. meine Erörterung des Terminus in den philos. Monatsheften Bd. XVII. S. 109 ff.

**) I, 85b: Si acute respicis, reperies pluralitatem rerum non essen isi modum intelligendi divinae mentis.

vermag dies und zwar mit Hilfe der allbeherrschenden christ=
lichen Gottesidee. Vom alten Christentum aber trennt ihn
die Fassung des Weltinhaltes. Dort war alles auf die ethische
Aufgabe bezogen, aus ihr erhielt das Geschick der Welt seine
Bestimmung. Mochten die großen Kirchenväter, die Mystiker
und auch die Scholastiker in dem Maße Neuplatoniker wer=
den, als sie eine universelle Weltbegreifung versuchten, für die
menschliche Empfindung und das allgemeine Bewußtsein bleibt
der ethische Gehalt entscheidend. Jetzt aber gewinnt der
Intellektualismus prinzipiell das Feld, und es beginnen auch
schon seine Konsequenzen sich hervorzuwagen. Das Weltbild
wird größer und freier, das Dasein wird möglichst in seiner
Gesamtheit ergriffen und gestaltet, die geistige Kraft voll ent=
wickelt, das Selbstbewußtsein des Denkens ungemein gesteigert;
aber unendlich viel geht gleichzeitig verloren. Es wendet sich
z. B. von dem Bösen und dem Elende der Welt der Blick
ab, bei Nikolaus ist recht selten die Rede davon; indem die
Kraft auf das Universum gerichtet wird, treten die Aufgaben
und Kämpfe des Innern zurück. Wie viel menschlich tiefer
und innerlicher als Nikolaus ist Meister Eckhart, mag er in
wissenschaftlicher Leistung hinter ihm zurückstehen.

Doch nicht das liegt uns ob, Gewinn und Verlust gegen
einander abzuwägen, verfolgen wir vielmehr die Konsequenzen,
die sich für das Verständnis menschlichen Wesens und Lebens
aus der Grundüberzeugung ergeben. Unser Geist gilt nun
als lebendiger Spiegel des Universums; dasselbe in sich thätig
abzubilden, darin besteht sein Wesen.*) Alle einzelnen Seelen=

---

*) Wie scharf Nikolaus diesen Gedanken faßt, zeigt z. B. I, 48a
non sunt autem ipsae mentes in se divini luminis radium capi-
entes quasi participationem ipsam natura praevenerint, sed parti-
cipatio intellectualis incommunicabilis ipsius actualissimae lucis
earum quidditas existit. Actualitas igitur intelligentiae nostrae
in participatione divini intellectus existit.

thätigkeiten ordnet Nikolaus nicht immer, aber oft dem Erkennen unter. Der Wille „folgt, weil der Gegenstand des Erkennens als dem Erkennenden angemessen begriffen wird". Die Liebe bedarf der Erkenntnis und ist in ihrer höchsten Vollendung eine intellektuelle (charitas intellectualis). Die [intellektuelle Natur bringt die Freiheit mit sich. So heißt denn geradezu der göttliche Same in uns eine intellektuelle Kraft, der Geist ist die Kraft des Begreifens (virtus comprehendendi oder concipiendi), ja Geist und Intellekt werden wohl einander einfach gleichgesetzt.*) Zwischen Geist (mens) und Seele aber giebt es keinen wesentlichen Unterschied: was für sich Geist genannt wird, heißt im Wirken mit dem Körper Seele. In Einklang damit wird der eigentliche Inhalt unserer Lebens= thätigkeit das Erkennen; darin, daß wir immer mehr zu er= kennen vermögen, besteht unsere Vollkommenheit und Gott= ähnlichkeit; der Fortschritt ins Unendliche gestaltet sich somit als ein intellektueller.**) Immer neues kann der Geist sich anbilden, „wie ein Feuer, das aus dem Kiesel erweckt ist, kann der Geist durch das Licht, das aus ihm strahlt, ohne Grenze wachsen." So führt der Kampf um die Wahrheit nie zur Ruhe, sondern nur zu steigender Kampfanspannung. Augen= scheinlich ist hier der Gegensatz zu dem das Mittelalter beherr= schenden Denker. Glaubte doch Augustin, die Wahrheit in Besitz haben zu müssen, um glücklich zu sein. — Wie der Mensch so sind übrigens alle Kreaturen Spiegel der Welt, nur fehlt den niedern das Leben, und damit die Vervollkommungs=

---

*) I, 91b: ego mentem intellectum esse affirmo.

**) II. 188a: posse semper plus et plus intelligere sine fine, est similitudo aeternae sapientiae, et ex hoc elice, quod est viva imago, quae se conformat creatori sine fine. II, 187b: semper vellet id quod intelligit plus intelligere et quod amat plus amare, et mun- dus totus non sufficit ei, quia non replet desiderium intelligendi ejus.

fähigkeit. Überhaupt wird die Wahrheit bald klarer (clarius), bald dunkler (obscurius) abgebildet. Die Art aber, wie sie erkannt wird, entscheidet über die Rangfolge der Wesen.*)

Bei dieser Bedeutung des Erkennens gewinnt bei Nikolaus die Erkenntnislehre eine hervorragende Stellung, ja die Eigentümlichkeit seiner Philosophie findet hier ihren reinsten Ausdruck. So freuen wir uns, daß unser bei der ersten Veröffentlichung ausgesprochener Wunsch einer ausführlichen Behandlung dieses Gegenstandes inzwischen durch Falckenberg erfüllt ist; indessen dürfen wir deshalb nicht unterlassen einiges besonders Charakteristische hier zu vermerken.

Zunächst ist beachtenswert, daß für N. das Erkennen ganz und gar in das Leben hineinfällt. Es giebt keine eingebornen Ideen als ein fertig Mitgebrachtes und von der Sinnlichkeit wie Verschüttetes; nur eine ursprüngliche Kraft, ein mitgebornes Urteilsvermögen (vis concreata, judicium concreatum, vis judiciaria) darf dem Geiste beigelegt werden. Begründet wird diese Überzeugung damit, daß ohne Zweifel der Geist zu seinem Fortschritt in den Körper gesetzt sei. Daher sei die Annahme unzulässig, als habe er durch diese Verbindung etwas verloren. Der Geist bedürfe vielmehr des Körpers, um zum intellektuellen Fortschritt geweckt zu werden.**)

Aber der Erkenntnisprozeß selber treibt für unsern Denker

---

*) I, 66b: Omnes creaturae specula contractiora et differenter curva, inter quae intellectuales naturae viva, clariora atque rectiora specula. Ac talia cum sint viva et intellectualia atque libera: concipito quod possint se ipsa incurvare, rectificare et mundare. Dico igitur: claritas una specularis varie in istis universis resplendet specularibus reflexionibus.

**) I, 83b: Indubie mens nostra in hoc corpus a deo posita est ad suum profectum. Oportet igitur ipsam a deo habere omne id sine quo profectum acquirere nequit. Non est igitur credendum animae fuisse notiones concreatas quas in corpore perdidit; sed quia opus habet corpore, ut vis concreata ad actum pergat.

die schwierigsten Probleme hervor, vornehmlich doch, weil er die Ansprüche aufs höchste spannt. Von Erkennen kann nur die Rede sein, wo Denken und Gegenstand in eins zusammenfallen; läßt man zu, daß der Intellekt etwas anderes sei als das Intelligible, so können wir kein Ding wie es ist erfassen.*) Die Wahrheit ist nichts anderes, als die „Intelligibilität des Intelligiblen".**) Ferner aber wird ein Erkennen nur vom Ganzen aus möglich, nur von Gott und dem Universum her kann das Einzelne begriffen werden.***) So scheint wahres Erkennen nur dem absoluten Geist anzugehören, dessen Einsehen Schaffen ist, während dem Menschen der Zugang verschlossen bleibt. Aber Nikolaus möchte doch eine Pforte eröffnen, um das scheinbar Unmögliche zu wagen. Freilich schafft unser Geist die Dinge nicht, aber er vermag sie sich zu assimilieren und sich damit zu einer Welt zu erweitern.†) Er

*) I, 47b: Nullum intelligibile uti est te intelligere conspicis si intellectum tuum aliam quandam rem esse admittis quam intelligibile ipsum.

**) S. z. B. I, 67a: Purissimus intellectus omne intelligibile intellectum esse facit, cum omne intelligibile in ipso intellectu sit intellectus ipse. Omne igitur verum per veritatem ipsam verum et intelligibile est; veritas igitur sola est intelligibilitas omnis intelligibilis.

***) I, 89b: Non scitur pars nisi toto scito; totum enim mensurat partem. — Unde necesse erit ut ad scientiam unius praecedat scientia totius et partium ejus, quare deus qui est exemplar universitatis si ignoratur, nihil de universitate scitur, et si universitas ignoratur, nihil de ejus partibus sciri posse manifestum. Ita scientiam cujuslibet praecedit scientia dei et omnium.

†) I, 86b: Inter divinam mentem et nostram id interest quod inter facere et videre: divina mens concipiendo creat, nostra concipiendo assimilat rationes seu intellectuales faciendo visiones; divina mens est vis entificativa, nostra mens est vis assimilativa. II, 112b: Intellectus noster est quasi universale semen specierum et cum apparet ei aliqua species in phantasmatibus tunc specificatur et fit similis ei.

bringt eine begriffliche Welt hervor wie Gott die reale. Steigt aber der Zweifel auf, ob diese begriffliche Welt über das Individuum hinausreiche, ob nicht in uns die Wirklichkeit sich in Unwahrheit verkehre, so nimmt Nikolaus wie die Neuplatoniker zu dem Gedanken des Sein und Denken umfassenden und einigenden Gottes seine Zuflucht, um von hier aus Realität und Gewißheit für das Erkennen zu gewinnen. Aber dieser Gedanke tritt nicht unvermittelt hervor und führt nicht zu einem Bruch mit dem sonstigen Streben. Erst nachdem der Kampf um die Wahrheit mit ganzer Kraft aufgenommen, erst am Schluß erfolgt jene Wendung. Und sie erfolgt, nicht um das frühere Werk aufzuheben oder herabzusetzen, sondern um zu ihm zurückzukehren und es in dem neuen Licht verklärt zu schauen. Nikolaus' Denken geht von der Welt zu Gott, nicht um sich ihrer zu entledigen, sondern um sie in ihrem tiefsten Grunde zu erfassen und dadurch festzuhalten.

Stufenweise ringt sich der Geist zur Wahrheit empor. Der Ausgang ist von den Sinnen zu nehmen; sie führen uns ein in die Welt, sie sind notwendig, damit der Geist zu seiner Thätigkeit geweckt werde (s. z. B. I, 84a), aber sie gewähren für sich nur eine verworrene „konfuse" Ansicht von den Dingen. Es folgt die Vorstellungskraft ((imaginatio), welche die sinnlichen Eindrücke aufbewahrt und je nach Bedarf vergegenwärtigt. Höher steht die Vernunft (ratio). Alle ihre Wahrheiten entstammen dem Satz des Widerspruches, der Unvereinbarkeit des Entgegengesetzten.*) Das Verworrene der Sinnenwelt löst sich damit auf, aber dem Stoff nach bleibt die Vernunftthätigkeit an die Sinnlichkeit gebunden. „Nichts ist

---

*) I. 51a: Haec est radix omnium rationalium assertionum: scilicet non esse oppositorum coincidentiam attingibilem. 51 b: Scire igitur ad hoc principium vitandae coincidentiae contradictionis omnia reducere est sufficientia omnium artium ratione investigabilium.

in der Vernunft, es sei denn vorher im Sinn gewesen*).″ Das Unendliche kennt die Vernunft nicht, sie bringt noch nicht über die Bilder zu den Dingen vor. Dies ist die Sphäre der Logik und Mathematik, deren Inhalt in der Sprache zum Ausdruck gelangt. Auf eine wesentlich höhere Stufe erhebt uns der Intellekt,**) indem er die Wendung unseres Lebens zu Gott herbeiführt. Der Intellekt, seinem Wesen nach göttlicher Natur und aus Gott die Dinge begreifend, erfaßt die Welt in ihrem Grunde und wandelt die durch Sinnlichkeit und Vernunft übermittelten Bilder zur Wahrheit. Er findet in sich alle Erkenntnis und trägt in sich das Gesetz, wonach er über das Äußere urteilt.***) Die Gegensätze, vor denen die Vernunft stehen blieb, nimmt er auf und verbindet sie in der Idee des Unendlichen. Er erkennt nicht in zeitlicher Weise, sondern in einer unteilbaren Gegenwart, welche alle Zeit in sich schließt, er schaut alle Dinge in der Einheit, und das erst heißt recht eigentlich begreifen†). Diese Erkenntnis heißt die anschauende (visio intellectualis, intuitio cognoscitiva, intuitio intellectualis), weil sie die der nie-

---

*) Der Satz nihil est in intellectu quod non ante fuerit in sensu entstammt dem spätern Mittelalter, nicht dem 17. Jahrhundert.

**) Intellectus mit ältern deutschen Philosophen, vornehmlich den Mystikern, „Verstand" zu übersetzen, dürfte dem jetzigen Gebrauch des Wortes gegenüber nicht wohl zulässig sein.

***) S. z. B. I, 84b: Cum omnium exemplar in mente ut veritas in imagine reluceat, in se habet ad quod respicit secundum quod judicium de exterioribus facit, acsi lex scripta esset viva, illa (quia viva) in se judicanda legeret. I, 69a.

†) I, 50b: Omnia participatione unius id sunt quod sunt. — Quapropter non habes alia consideratione opus, nisi ut in diversitate rerum a te indagandarum identitatem inquiras aut in alteritate unitatem. Tunc enim quasi absolutae unitatis modos in alteritate contractorum entium intueberis.

dern Stufe an Klarheit ebenso übertrifft wie das Gesicht das Gehör.

Ist aber einmal eine solche Einsicht gewonnen, so kehrt sich die Gesamtansicht vom Erkennen um. Der Intellekt zeigt sich als das Ursprüngliche, und überallhin Helle Ausgießende. Er ist die Einheit der Vernunft, welche bei ihrer die Gegensätze herausstellenden Thätigkeit schon vorausgesetzt wird, denn es giebt keine Zwietracht ohne Eintracht (concordia). Er verhält sich zur Vernunft wie das Licht zu den Farben. Die Vernunft aber ihrerseits ist wieder in den Sinnen thätig. Denn jede ausgebildete Sinneswahrnehmung (sensatio formata) setzt Unterscheiden und Urteilen voraus, dies aber ist Sache der Vernunft.*) Keine Sinneswahrnehmung kommt ferner zu Stande ohne Aufmerksamkeit, die doch eine geistige Thätigkeit ist. Das Höhere ist demnach überall in dem Niedern wirksam, die Vernunft bildet die Vermittlung zwischen Intellekt und Sinn. Durch sie geht der Intellekt in die Welt ein und breitet sich in ihr aus, alsdann aber sucht und findet er sich selber in allem wieder und nimmt alles in sich zurück.**) Er muß aber von sich ausgehen, da er nur durch das Mittel

---

*) I, 45a: Sensus animae sentit sensibile, et non est sensibile unitate sensus non existente. Sed haec sensatio est confusa atque grossa, ab omni semota discretione. Sensus enim sentit et non discernit, omnis enim discretio a ratione est. — Sensus ut sic non negat, negare enim discretionis est; tantum enim affirmat sensibile esse, sed non hoc aut illud. Ratio ergo sensu ut instrumento ad discernendum sensibilia utitur, sed ipsa est quae in sensu sensibile discernit.

**) I. 69a: Vis ipsa intellectualis quae se pro sua venatione in hoc mundo rationaliter atque sensibiliter expandit, dum se transfert de hoc mundo, recolligit. Redibunt enim vires intellectuales participatae in organis sensuum et ratiocinationum ad centrum intellectuale, ut vivant vita intellectuali in unitate sui effluxus.

der Sinnlichkeit und Vernunft sich selber erreichen kann. Durch das Ausgehen in die Welt und das Zurücknehmen derselben in sich wird er selber in seinem Sein gesteigert, so daß die ganze Thätigkeit sich als seinem eignen Interesse dienend herausstellt.*) Indem er aber der Fülle des Seins teilhaft wird, erlangt er höchste Seligkeit. „Unaussprechlich ist die Freude, wenn er in der Vielheit des erkennbaren Wahren die Einheit der unendlichen Wahrheit selbst berührt. Denn er sieht in der Verschiedenheit des geistig Sichtbaren die Einheit aller Schönheit, er hört im Geist die Einheit aller Harmonie, er kostet die Einheit aller erfreulichen Süßigkeit. Er ergreift die Einheit aller Gründe und Ursachen und erfaßt alles in der Wahrheit, dem einzigen Gegenstand seiner Liebe, mit geistiger Lust" (I, 55a).

Über allem diesem Wissen aber beharrt in unerschlossener Erhabenheit die letzte Einheit, die Trägerin alles Seins. „Gott als in sich triumphierend ist weder erkennbar noch wißbar, er ist weder Wahrheit, noch Leben, noch Sein, sondern übersteigt alles Erkennbare als das eine einfachste Prinzip." Hier vertragen sich nicht nur die Gegensätze, sondern sie fallen

---

*) I, 42a: Rationalis mundi explicatio a nostra complicante mente progrediens propter ipsam est fabricatricem. Quanto enim ipsa se in explicato a se mundo subtilius contemplatur, tanto intra se ipsam uberius foecundatur. I, 62a: Complica ascensum cum descensu intellectualiter ut apprehendas. Non enim est intentio intellectus ut fiat sensus, sed ut fiat intellectus perfectus et in actu; sed quoniam in actu aliter constitui nequit fit sensus, ut sic hoc medio de potentia in actum pergere queat. Ita quidem supra se ipsum intellectus redit circulari completa reditione. — Intellectum in species sensibiles descendere, est ascendere eas de conditionibus contrahentibus ad absolutiores simplicitates. Quanto igitur profundius in ipsis se immittit, tanto ipsae species magis absorbentur in ejus luce, ut finaliter ipsa alteritas intelligibilis resoluta in unitatem intellectus in fine quiescat.

von vorn herein in Eins zusammen.*) Um zu solcher Höhe zu gelangen ist Sinn, Vernunft und Intellekt abzulegen, das Erkennen mündet hier in das geheimnißvolle Dunkel des Unerforschlichen.

Aber mag Nikolaus das Wissen in ein Unwissen enden lassen, ihn drängt es zurück in die Sphäre des Lichtes, er hört nicht auf, das Göttliche in der Welt zu suchen. „In der Tiefe der weltlichen Dinge findet er auch den Reichtum der Welt und Gottes ausgebreitet, so daß sie genügen werden unserm unersättlichen Geist stets neue Nahrung zuzuführen. Eben hierin unterscheidet sich seine Lehre von der scholastischen Ansicht, welche vielmehr im Weltlichen nur das Armselige und Kümmerliche zu sehen gewohnt war" (Ritter).

So ist eine wesentliche Änderung der Richtung geistigen Lebens unverkennbar. Mag das Alte noch anhaften und reine Gestaltung hemmen, mögen sich in der Berührung des Verschiedenartigen wundersame Übergangsgebilde erzeugen, ja sich weit mehr Unebenheiten und Widersprüche finden, als in den mittelalterlichen Systemen: innerlich ist der Bruch mit der Vergangenheit vollzogen, neue Ziele lenken das Streben. Und was namentlich ins Gewicht fällt, der Umschwung beschränkt sich nicht auf das Gebiet rein begrifflichen Denkens, er bezeugt sich in allen näherliegenden Fragen von Welt und Leben. Die Gesamtauffassung der Philosophie wird beherrscht durch die Überzeugung von der Unmittelbarkeit und Allgegenwart der Wahrheit. Sein eignes Denken will Nikolaus als Forscher nicht auf irgend eine Autorität gründen,**) sondern lediglich auf selbstgewonnene Einsicht. Statt in den Büchern der

---

*) I, 51b: in divina complicatione omnia absque differentia coincidunt, in intellectuali contradictoria se compatiuntur, in rationali contraria ut oppositae differentiae in genere sunt.

**) I, 85a: Hoc scio quod nullius auctoritas me ducit, etiamsi me movere tentet.

Gelehrten sollen wir in den Büchern lesen, die von Gottes Finger geschrieben sind und sich überall finden.*) Weil aber die Wahrheit jedem nahe und gegenwärtig ist, so haben alle Forscher an ihr Anteil. Ein und dasselbe ist es, was sämtliche Theologen und Philosophen bei aller Verschiedenheit der Weisen auszudrücken versuchten. Jeder hat in seiner Sprache die Wahrheit verkündet und nur in solcher Verschiedenheit konnte ihr Reichtum zur Entfaltung kommen.**) Daraus erwächst die Aufgabe, in allen Gestalten die eine Wahrheit aufzuweisen und dadurch alle Philosophen zur Eintracht zu bringen (concordare). Dafür ist Nikolaus mit der That eingetreten. Das Mannigfachste hat er in sein Denken verwoben; Anknüpfung sucht er bei Pythagoras und Anaxagoras, bei Plato und Aristoteles, bei Proclus und Dionysius, bei christlichen und arabischen Forschern, bei Thomas und Duns Scotus, bei Bonaventura und Eckhart. Aber bei dem allen hat er nicht sich selber verloren; ebensowenig wie Leibniz darf man ihn einen Eklektiker schelten.

Dieselbe Universalität bekundet Nikolaus auch in seinen religiösen Überzeugungen. Wie er namentlich in der merkwürdigen Schrift: de pace seu concordantia fidei ausspricht, giebt es bei aller Vielheit der Gebräuche nur eine einzige

---

*) Es tritt dies namentlich hervor zu Begriff der Schrift idiotae de sapientia etc. Hier heißt es z. B. in Bekämpfung des gelehrten Philosophen: Pascitur intellectus tuus, auctoritati scribentium astrictus, pabulo alieno et non naturali. — Hoc est quod ajebam: scilicet te duci auctoritate et decipi. scribit aliquis verbum illud: cui credis. Ego autem dico tibi quod sapientia foris clamat in plateis et est clamor ejus quomodo ipsa habitat in altissimis.

**) I, 68b: Unum est quod omnes theologisantes et philosophantes in varietate modorum exprimere conantur. Unum est regnum caelorum, cujus et una est similitudo, quae non nisi in varietate modorum explicari potest.

Religion.*) Alle Menschen suchen nur den einen Unendlichen, wenn sie ihn auch in verschiedener Weise suchen.**) Eine solche Überzeugung bleibt nicht, wie etwa bei der Mystik, schüchtern im Grunde, sie strebt in die Wirklichkeit hinaus, um gestaltend zu wirken. Das Ziel wird aufgesteckt, durch Vereinigung einsichtiger Männer Eintracht in der Religion und damit einen ewigen Religionsfrieden zu gewinnen. Erscheinen solche Gedanken bei Nikolaus' Stellung zu Christentum und Kirche auffallend genug, so ist nicht zu vergessen, daß er die universale Religion nicht jenseits der positiven Religionen, sondern im richtig verstandenen Christentum selber suchte.***)

Auch in der Naturforschung bewährt Nikolaus die kosmisch-universale Richtung. Der prinzipielle Gegensatz von Erde und Himmel wird aufgegeben, die Erde ist ein Stern unter andern Sternen, bewegt wie diese. Es giebt kein Centrum der Welt, dieselbe hat überall ihr Centrum und nirgends ihren Umkreis. Endlos dehnt sie sich nach allen Richtungen aus. Nirgends ferner giebt es Ruhe in der Welt, selbst die Pole des Himmels unterliegen der Bewegung. Um solche Gedanken von der wesentlichen Gleichheit alles Naturgeschehens

---

*) I, 114 b: Non est nisi una religio in rituum varietate.

**) A. a. O.: Nemo appetit in omni eo quod appetere videtur nisi bonum, quod tu es, neque quisquam aliud omni intellectuali discursu quaerit quam verum quod tu es. Quid quaerit vivens nisi vivere, quid existens nisi esse? Tu ergo qui es dator vitae et esse, es ille qui in diversis ritibus differenter quaeri videris et in diversis nominibus nominaris, quoniam uti es manes omnibus incognitus et ineffabilis.

***) I, 114 a: paucorum sapientium concordia omnium talium diversitatum, quae in religionibus per orbem observantur, peritia pollentium, unam posse facilem quandam concordantiam reperiri ac per eam in religione perpetuam pacem convenienti ac veraci medio constitui.

durchzuführen, mußte Nikolaus allen eingewurzelten Vorurteilen entgegentreten, welche gegen das irdische Sein gerichtet waren. Die Erde ist ihm nicht schlechter als die anderen Sterne, und zwar deshalb, weil sie den menschlichen Geist beherbergt. Freilich findet sich in ihr Veränderung und scheinbarer Untergang, während das Himmelsgewölbe bekanntlich der aristotelisch-scholastischen Physik als unwandelbar galt, aber für Nikolaus giebt es im Universum überhaupt keinen vollen Untergang, nur die besondere Art des Seins (modus essendi) ändert sich; der Tod ist nichts anderes als die Auflösung des Zusammengesetzten in seine Komponenten (I, 22 b). Und solche Auflösung steht selber im Dienst des Lebens, das Einzelne wird vernichtet, damit die Wesenheit sich mitteile und vervielfältige*). So finden sich hier deutliche Umrisse jenes seelenvollen Naturbildes, die Anfänge jener romantischen Naturbegeisterung, deren Ausführung uns später Jordano Bruno bietet.

Demnach steht Nikolaus in der That an der Schwelle einer neuen Welt. Alle entscheidenden Ideen der spekulativen Philosophie der Neuzeit brechen hier durch, und wenn wir uns durch das Ganze am meisten auf Leibniz hingewiesen fühlen, so gilt dies nur insofern, als Leibniz selber, esoterisch verstanden, alle Strebungen der Neuzeit aufnimmt und zu verbinden sucht, auch ein gutes Teil Spinozismus. Aber wir sahen jene leitenden Ideen auch in die Vergangenheit weisen. Der Boden, welchen der Neuplatonismus durch Verschmelzung und Umarbeitung antiker Gedankenkreise geschaffen hatte, bildet für das Streben des Nikolaus den Ausgangspunkt. Nicht so sehr der begriffliche Inhalt der von hier empfangenen

---

*) II, 133 b: Mors nihil aliud est quam separatio ad communicationem et multiplicationem essentiae. Es wird dies am Beispiel des Samens entwickelt.

Ideen ist bei ihm verändert als ihre Stellung zu Welt und Leben. Das aber ist keine kleine Sache.

Bei dem Zusammenbruch der alten Welt zog sich das Denken auf sein eigenes Innenwirken zurück und schuf sich einen geistigen Kosmos, um dahin so viel wie möglich vor dem Einsturz zu retten. Die Ideale, denen die unmittelbare Welt die Stätte versagte, flüchteten hieher und gelangten hier zu reiner Entfaltung und schrankenloser Geltung. Die Gegenwart des Höchsten in der Welt, die Harmonie des Alls, der unendliche Wert des Einzelwesens, der Gedanke fortschreitender Entwickelung, die Zurückführung des Seienden auf einen Denkprozeß, alle diese Ideen wurden in jenem Zusammenhang begründet und einander verknüpft. Aber unüberwunden blieb der Widerspruch des unmittelbaren Daseins; mochte die Kraft des Denkens oder der Schwung des Glaubens in jene Idealwelt führen, immer war sie nur durch heroische Erhebung des Geistes zu erreichen. In dieser Weise mochte das Individuum Halt und Trost finden; das geschichtliche Gesamtleben von hier aus kraftvoll zu gestalten, war eine Zeit nicht mehr fähig, die am Ausgang einer Kulturepoche stand. Damit jenes möglich werde, mußte erst eine neue Welt realen Inhalts sich gebildet haben, mußte die Macht des Menschengeschlechts und sein Glaube an sich selbst wieder gewachsen sein. Dann erst konnte das Denken den Zufluchtsort verlassen und Besitz ergreifen von der Fülle des Seins. Dann erst konnten jene Ideen ihre Macht erproben und bewähren. Eine solche Wendung beginnt mit Nikolaus von Kues; darin, und nicht in einzelnen Begriffen und Lehren, liegt seine geschichtliche Bedeutung.

So war das Ergebnis des Todeskampfes antiken Denkens die notwendige Vorbedingung des neuen Lebens. Die Kraft und Freude, mit der sich nun der Geist der Welt wieder zuwandte, sie setzen voraus den Schmerz und die Weltflucht der Vergangenheit. Denn nur durch das Zurückgehen auf sich selbst und das Gestalten aus ursprünglicher Tiefe war der Geist stark genug geworden, jene Mächte zu erzeugen, welche nun die Welt zu leiten begannen. Die Vergeistigung und Verklärung des Alls, welche dem neuern Denken eigentümlich ist, sie ward nur möglich, indem die als ein Jenseits ausgebildete Welt das unmittelbare Dasein ergriff und verwandelte. Der Lauf der Geschichte geht dann dahin, das geistig Geschaute mehr und mehr in die unmittelbare Erscheinung hineinzuarbeiten; die Ideen nähern sich in sicherem Gange der vorliegenden Welt und nehmen sie in sich auf; aber die Frage wird unabweisbar, ob sie nicht damit oft ihren Grund aufgeben, und ob nicht das neue Leben weithin mit dem Widerspruche behaftet ist, daß durch thätiges Wirken das Sinnliche mehr und mehr in ein Geistiges umgewandelt, zugleich aber der Geisteswelt Ursprünglichkeit und Selbständigkeit des Seins bestritten wird.

Doch solche Fragen zu streifen, ist nicht Sache dieser Untersuchung. Wie immer wir über den letzten Wert des geistigen Gehalts der Neuzeit urteilen, die Hochschätzung des Mannes, in dessen Denken die beiden Welten zusammentrafen, bleibt gesichert, und damit der Ruhm unseres Volkes, jene große spekulative Bewegung eingeleitet zu haben, die es später auf ihre Höhe führen sollte.

Paracelsus' Lehren von der Entwicklung.*)

> Laß dich das nicht betrüben,
> daß die Dinge nicht alle an der
> Sonne liegen. (Par.)

Die Beschäftigung mit Paracelsus bringt die Gefahr, gleich beim ersten Schritt zu straucheln. Wie viel von dem unter seinem Namen Überlieferten als echt anzuerkennen, wie viel als unecht auszuscheiden sei, das auch nur in den Hauptzügen zu sichern, ist eine recht schwierige Aufgabe. Das Meiste von dem, was sich uns als paracelsisch giebt, ist äußerlich wenig beglaubigt, innerlich aber stellt es sich zunächst als ein wüstes Chaos dar, in dem unentwirrbar das Mannigfachste durcheinander treibt. Ist solche Lage der Sache einmal erkannt und wird sie vollauf gewürdigt, so kann leicht das Unternehmen einer Auseinandersetzung geradezu als ein verzweifeltes erscheinen. Da aber die Werke des Paracelsus doch nicht einfach als nicht vorhanden zu betrachten waren, so ließ man sich trotz aller Ungewißheit meistens das Überlieferte gefallen, wie es einmal vorlag. Es schien fast, als hätte der Forscher

---

*) Zuerst erschienen 1880 (Philos. Monatshefte XVI. 321—335). Seitdem hat Sigwart (Kleine Schriften I, 25—48) in meisterhafter Weise ein Gesamtbild von Paracelsus' Persönlichkeit und Denkart gezeichnet, dessen wir uns dankbar erfreuen. Als Untersuchung eines speziellen Punktes aber dürfte unsere Arbeit daneben einiges nützen können.

durch das Aussprechen des allgemeinen Zweifels alle kritischen Verpflichtungen erfüllt und ein gutes Recht erworben, auf dem unsichern Boden eine Gebäude angeblich paracelsischer Lehren zu errichten. Erst in neuester Zeit ist darin eine Wendung eingetreten, aber mit der Mahnung zu vorsichtiger Sonderung mußte sie zunächst das Gefühl der Unsicherheit steigern.

Daß hier aber so lange eine Lücke blieb, hatte seine Ursache vornehmlich in der Schwierigkeit, einen sichern Ausgangspunkt zu finden. Mit inneren Gründen ließ sich bei der Kritik nicht anfangen, zuerst galt es sich nach äußeren Beglaubigungen umzusehen, und hier schien alle Handhabe zu fehlen. Marx war der erste, der eine positive These wagte (s. Abhandl. der Ges. der Wiss. zu Göttingen I, S. 92 ff.). Als Kennzeichen der Echtheit der einzelnen Schriften sollten gelten: 1) Widmung mit Angabe des Ortes und der Zeit, wo und wann sie niedergeschrieben worden. 2) Unterschrift des wahren Namens Theophrastus von Hohenheim. — Außerdem konnte manche andere Schrift echt sein, welche solche Forderungen nicht erfüllte; indessen trat die Untersuchung darüber zurück vor der notwendigsten Aufgabe, zunächst irgend welchen Kern zu sichern. — Jedoch unterliegt jener Kanon selber verschiedenen Bedenken. Ward einmal ein Werk dem Paracelsus untergeschoben, so konnte auch die Art seiner Unterschrift leicht nachgeahmt werden; etwas gefährlicher wäre es gewesen, eine Widmung mit allen Nebenumständen zu ersinnen, da es sich bei dem Hervortreten dieser Schriften nicht um weit ausgedehnte Zeiträume handelt. Aber wie hoch wir dieses Beweismittel anschlagen mögen, es stellt sich sofort eine neue Schwierigkeit ein; es fragt sich, wie weit der Inhalt einer Schrift bis ins Einzelne durch eine solche Widmung beglaubigt sei. Es sind doch vielleicht kaum so sehr gänzlich fremde Schriften untergeschoben, als sich echtes und unechtes vermengt hat. Welche Mittel hätten wir nun, beides zu scheiden?

So dürfte es größere Sicherheit gewähren, wenn Mook in seiner kritischen Studie über Paracelsus (s. Theophrastus Paracelsus. Eine kritische Studie. Würzburg 1876) mit einer Prüfung der Zuverlässigkeit der Huser'schen Ausgabe beginnt. Diese Ausgabe hat von Anfang an als Grundlage für die Beschäftigung mit Paracelsus gegolten, aber Grund und Maß ihrer Glaubwürdigkeit war nicht genauer untersucht, namentlich waren die für unsere Frage überaus wichtigen Angaben, welche Huser über die Quelle des von ihm mitgeteilten Textes macht, nicht genügend beachtet. Vornehmlich wertvoll ist in dieser Hinsicht die erste Gesamtausgabe (1589 ff.), indem hier für die einzelnen Abschnitte, ja unter Umständen für einzelne Blätter gewissenhaft angeführt wird, ob dem Herausgeber das Manuskript des Paracelsus selbst oder Manuskripte Anderer oder endlich frühere Drucke vorlagen. Die Zuverlässigkeit dieser Angaben ist zuerst von Mook einer sorgfältigen Prüfung unterzogen. Sowohl die Erwägung der Art, wie die Husersche Ausgabe zu Stande kam, als die Vergleichung ihres Textes mit den von Paracelsus selbst herausgegebenen Drucken, die bei einzelnen Schriften möglich ist, führten zu dem Ergebnis, daß Huser volles Vertrauen verdient, und daß zunächst kein Grund vorliegt, an der Echtheit der Abschnitte zu zweifeln, die er nach seiner Angabe aus dem Manuskript des Paracelsus mitteilt. Wie viel darüber hinaus anzuerkennen sei, das würde weiterer Untersuchung bedürfen und sich ohne Eingehen auf den Inhalt nicht wohl ermitteln lassen.

Indem wir diesem Standpunkt als dem relativ sichersten beitreten, möchten wir nur einiges über die Gewinnung mehr innerer Kriterien hinzufügen. Als Einleitung kann hier die Beachtung der Terminologie dienen. Freilich ist dabei große Vorsicht nötig, da Paracelsus recht schwankend im Wortausdruck ist, aber es finden sich manche Erscheinungen, die aus bloßem Schwanken nicht wohl erklärbar sind. Einigermaßen verdächtig kann es schon sein, wenn in einzelnen Schriften Ausdrücke gehäuft werden, die sonst, bei ähnlichem Gedanken= inhalt, selten oder gar nicht vorkommen, — solche Häufung verrät ja oft den Schüler —; auffallender ist es, wenn ge= wöhnlich Gleiches bedeutende Bezeichnungen bisweilen ausein= andergehen, oder auch wenn Worte in einzelnen Schriften eine eigentümliche Färbung annehmen, die sie außerdem nicht besitzen. Es zeigt sich das u. a. in der psychologischen Terminologie. „Vernunft" und „Verstand" bei Paracelsus selber auseinander zu halten und etwa in ein Rangverhältnis zu bringen, stellte sich uns als unmöglich heraus; in der dem achten Teil der Huserschen Ausgabe angehörenden Schrift de generatione hominis ist aber beides deutlich unterschieden*) (s. z. B. VIII, 172: „der Verstand ist eine wissentliche Vernunft, ist voll= bracht"). „Gemüt" wird in den beglaubigten Schriften nicht als abgegrenzter Terminus, sondern lediglich als Wort der Volkssprache verwandt, in der Schrift de imaginibus dagegen bezeichnet es nach Art der Mystiker jenes innerlichste Fürsich= sein des Menschen, wodurch er einer unmittelbaren Einheit mit Gott fähig wird (s. IX, 389). Wie in diesen Fällen, so mögen auch sonst Unterschiede in der Terminologie das Ein= dringen fremder Gedankenkreise verraten. Damit erwachsen aber neue Probleme und zwingen die Untersuchung zur Er= örterung des Gedankengehaltes. Hierbei würde sie sicher manches Fremdartige aufdecken. Vor allem hat sich Mysti= sches angehängt, — Paracelsus selber darf man nicht einen Mystiker im strengen Sinne nennen —, ferner zeigen sich bis= weilen stärkere Einflüsse kabbalistischer Zahlenspekulation, da= neben machen sich auch manche unbestimmtere Strömungen

---

*) Eine Vergleichung dieser spätern Schrift mit der durch Huser beglaubigten „Von der Gebärung des Menschen" ist für die Erkenntnis der Art, wie paracelsische Gedanken weiter gesponnen und umgebildet wurden, in hohem Grade wichtig.

geltend u. j. w. Dies alles wäre zur gesamten geistigen Bewegung jener Zeit in Beziehung zu setzen und von daher zu würdigen. Nicht nur für die Philosophie, auch für die Kulturgeschichte des 16. Jahrhunderts würde sich durch solches Unternehmen manches gewinnen lassen.

Bei dieser Kompliziertheit der Echtheitsfrage wird es zunächst geraten sein, nur das Bestbezeugte zu verwerten. Daher schöpfen wir den wesentlichen Gehalt unserer folgenden Darlegung allein aus denjenigen Schriften, die Huser im Manuskript des Autors vorlagen. Von dieser Regel weichen wir nur insoweit ab, als wir bisweilen Stellen aus unbeglaubigten Schriften anführen, welche einen als paracelsisch gesicherten Gedanken besonders schlagend zum Ausdruck bringen. Wir werden es aber jedesmal bemerklich machen, wenn wir uns einer zweifelhaften Schrift bedienen.

Bei solcher Beschränkung dürfte sich das Bild des Denkers gegen die gewöhnliche Vorstellung, wenn auch nicht erheblich, so doch einigermaßen verschieden. Die Philosophie scheint sich der Naturwissenschaft, der spekulierende Gedanke der Erfahrung etwas näher zu halten, als es in verschiedenen zweifelhaften Schriften geschieht und aus ihnen oft in die Darstellung des Systems eingegangen ist. Die allgemeinen Sätze knüpfen sich enger an die Behandlung besonderer Fragen. Auch scheinen einzelne Auswüchse durch jene Sonderung zu verschwinden. Aber was bleibt, enthält der Ausgeburten ungestümer, ja wilder Phantasie noch genug, und auch die fruchtbaren Gedanken sind hier so sehr mit abenteuerlichen Gebilden durchwachsen, daß der moderne Betrachter leicht in Versuchung gerät, das Ganze unberührt liegen zu lassen. Aber eine mächtige geschichtliche Wirksamkeit geübt hat jenes, was uns zunächst ein wirres Chaos dünkt, nun doch einmal; manche Zeitgenossen mußten es als ein charakteristisches Ganze verstehen oder doch treibende Gedanken aus ihm herauslesen.

Die Frage wird nicht abzuweisen sein, ob das, was seine eigne Zeit ergriff, nicht auch innerhalb der Gesamtbewegung irgend einen Fortschritt bedeutet.

Dieser Aufgabe aber möchte eine Untersuchung engen Rahmens am ehesten dienen, wenn sie einen einzelnen Begriff auswählt, der im Mittelpunkte des Denkens steht und aus seiner Beschaffenheit einen Ausblick über das Ganze gewährt. Ein solcher Begriff ist der der Entwicklung. An ihm treffen die großen Weltfragen zusammen, und an ihm muß sich, was neu aufstrebt, gegen überkommene Fassung deutlich ausprägen. An der Entwicklung des Entwicklungsbegriffes ließe sich die moderne Gedankenbewegung durch ihre Hauptphasen verlegen. So mögen wir uns von hier aus auch über Paracelsus' System orientieren. Bei der Verworrenheit des Stoffes, mit der wir hier zu kämpfen haben, werden wir uns auch bei jenem Punkte auf die einfachsten Grundzüge beschränken, weitere Verknüpfungen und besondere Ausführungen auf sich beruhen lassen. So am ehesten kann die Eigenart des Mannes in ihrer Bedeutung zu Tage treten.

Gleich dem Beginn der Untersuchung mag sich das Bedenken entgegenstellen, ob bei Paracelsus von Entwicklung überhaupt die Rede sein kann. Daß er das Wort Entwicklung (oder Auswicklung) nicht hat (dasselbe tritt erst bei J. Böhme in die philosophische Sprache ein und gelangt zu allgemeinerem Gebrauch erst in der zweiten Hälfte des 18. Jahrhunderts), will nicht viel besagen, aber auch die Sache scheint nicht gesichert. Paracelsus hat weder den Gedanken einer aus mechanischen Ursachen stetig fortschreitenden Bildung im Sinne der neuern Wissenschaft, noch die Tendenz moderner Naturphilosophie, solche Lehre als Grundlage eines „immanenten" Welterkennens religiösen Überzeugungen entgegenzustellen. Für ihn ist, wie die christliche Lehre überhaupt, so die biblische Schöpfungsgeschichte, — allerdings mit großer Freiheit der

Deutung, wie sie schon Augustin aufgebracht hatte —, Grundlage aller Erörterung; nur innerhalb der dadurch gegebenen Voraussetzungen kann sich das Neue Geltung erringen. Aber die enge Verbindung religiöser und naturphilosophischer Ideen war nun einmal einer ganzen Epoche charakteristisch, und es wäre ein arger Irrtum zu meinen, daß die Religion in dieser Verbindung nur gehemmt und beschränkt habe. Vielmehr gab sie den Gedanken einen mächtigen Antrieb auf ein Letztes und Ganzes, auf Zusammenschluß und Allgemeingiltigkeit; in dieser Weise wirkt sie oft auch da noch fort, wo das Bewußtsein die Verbindung längst gelöst hat. Was aber den Begriff der Entwicklung anbelangt, so ist er keineswegs an die mechanische Fassung gebunden, sondern wir werden ihn überall da verwenden dürfen, wo eine aus der Natur der Sache gewirkte fortschreitende Gestaltung behauptet wird. Daß in diesem weitern Sinn aber Paracelsus eine Entwicklungslehre hat läßt sich in keiner Weise bestreiten.

Es bezieht aber Paracelsus die Entwicklung an erster Stelle auf die Welt als Ganzes. Um das thun zu können, muß er den Weltbegriff selber gegen gewohnte Art umbilden. Wenn auch seine Überzeugung an der Schöpfung und vollen Abhängigkeit der Welt vom allmächtigen Gott festhält, die Welt bedeutet ihm nicht mehr ein bloßes Nebeneinander von Einzelwesen, sondern sie schließt sich ihm zu einem Gesamtwesen zusammen und erhält damit eine gewisse Selbständigkeit, ja Innerlichkeit. Denn wie könnte das All zusammenhalten, wenn die verbindende Kraft völlig draußen läge? Dieser Gedanke erhält nähere Bestimmung dadurch, daß auf das Weltganze der Begriff des Lebewesens übertragen, daß es in weitausgesponnener Analogie als Organismus verstanden wird. Das aber bedeutet eine überaus wichtige, nicht minder freilich gefährliche Wendung.

Wie ziemlich alle Hauptgedanken der Übergangszeit, so hat auch diese organische Weltbegreifung ihre Wurzel bei den Neuplatonikern, die hier aber nur zu systematischem Abschluß brachten, was vorwiegende Eigenart der gesamten griechischen Forschung war. Denn sie wollte nicht das Belebte vom Leblosen, sondern das (scheinbar) Leblose vom Lebendigen verstehen. Die Neuplatoniker steigerten die Idee eines allumfassenden Weltorganismus mit der ihnen eigentümlichen Überschwänglichkeit. Ihr Vorhaben wollte mit dieser Idee den menschlichen Mikrokosmus ganz und gar dem All einfügen, ihn zu reinem Ausdruck des Weltgeschehens machen; daß gerade umgekehrt durch sie bloß menschliche Begriffe sich in das All ausbreiteten und es in ihre Enge einzufangen suchten, darüber fehlte ihnen und ihren Anhängern alles Bewußtsein. An Paracelsus war jene Lehre nebst anderem neuplatonischen wohl vornehmlich durch Marsilius Ficinus gekommen. Was er an neuem bringt, ist nicht sowohl eine Umwandlung des Begriffes, als eine nähere Beziehung auf die anschauliche Welt, eine kräftigere Verwertung für das Verständnis ihrer Mannigfaltigkeit. Damit war, vornehmlich in jenem unentwickelten Stande der Wissenschaft, eine Bahn aller Irrungen betreten, aber es war auch ein Ringen aufgenommen, das wenn nicht zu wahren Einsichten, so doch zu wahren Problemen führen mußte und das auch in den Mißerfolgen Wege zum Bessern zeigen konnte.

Eben dies, daß Paracelsus die Idee des Organismus von der Höhe der Abstraktion mitten in den Weltprozeß einführt, giebt auch dem Entwicklungsgedanken mehr sinnliche Anschaulichkeit und mehr eingreifende Kraft. Mit großer Energie wird der Satz vertreten, daß die Welt auch in ihrem Prozesse dem individuellen Leben entspreche, daß das All von der Entstehung bis zum Untergang alle Daseinsphasen, alle Lebensalter durchlaufe, die wir beim Einzelnen antreffen.

Die Art, wie dieser Gedanke gegen die religiöse Überzeugung abgegrenzt, wie er entfaltet und wie er verwertet wird, macht vornehmlich das Charakteristische der paracelsischen Entwicklungslehre aus. Ihre Darstellung dürften wir nun genügend vorbereitet haben.

Der erste Ursprung der Welt aus dem göttlichen Willen liegt über allem Begreifen, s. I 75*): „Dieweil prima materia mundi fiat ist gewesen, wer will sich unterstehen das fiat zu erklären?" Aber es ist das Einzelne nicht fertig so geworden, wie es uns jetzt vorliegt. Zuerst war Alles miteinander gesetzt, erst später ist das Viele aus der Einheit herausgetreten. Schöpfung und Formgebung sind somit zu trennen; die letztere aber hat sich in einer gewissen Zeitausdehnung vollzogen. S. VIII, 198: „Dermaßen sollen wir auch wissen, daß Gott in der ersten prima materia alle Dinge geschaffen hat zu sein; aber selbst geschieden wieder heraus ein jeglichs in das, das es hat sollen sein. Darum hat Gott sechs Tage gewirket, bis er extrahirt, separirt, geformirt hat aus der prima materia ultimas materias: das ist ein jeglichs Geschöpf, das er hat heißen bleiben bis auf die Zergehung der Welt. Also ist Gott derselbige, der am ersten alle Dinge in Eins geschaffen und gelegt hat, darnach in sechs Tagen herausgezogen, was im selbigen gewesen ist." Das anfängliche Sein der Dinge in der Einheit sucht P. durch folgendes Gleichnis einigermaßen verständlich zu machen: „Die Erde ist schwarz, braun und unflätig, nichts schönes noch hübsches. Aber es ist in ihr Grün, Blau, Weiß, Rot, alle Farben, da ist nichts

---

*) Wir citieren nach der Gesamtausgabe von 1589 ff., sowohl weil sie die genauesten Mitteilungen über die Beglaubigung des Textes enthält, als weil sie der ursprünglichen Fassung des Autors am nächsten kommen dürfte. Alle Stellen, denen nicht ein Vermerk über die Beglaubigung hinzugefügt wird, stammen aus Abschnitten, welche Huser im Manuskripte des Autors vor sich hatte.

das nicht in ihr werde. So nun der Frühling kommt und der Sommer, so kommen die Farben alle hervor, die (so sich die Erde nicht selbst bezeugte) niemand in ihr vermuten würde. Wie nun aus einem solchen schwarzen Erdreich solch edle, subtile Farben gehen, so sind auch so mancherlei Geschöpfe gegangen aus der ersten prima materia, die auch in ihrer Vermischung ein Unflat gewesen ist" (VIII, 199). Namentlich bedeutsam ist aber für die Vorstellung des Werdens aus dem Einen die Analogie der Entwicklung aus dem Samen. Wie P. sich diesen Vorgang und in ihm das Verhältnis des Spätern zum Anfänglichen denkt, darüber hat er sich öfter eingehend ausgesprochen. „Nun ist ein jeglich Ding im Samen vereinigt und nicht zerteilt, sondern eine Zusammenfügung einer Einheit („Einigkeit"). Wie in einer Nuß, darin ist Holz, darin sind Rinden und die Wurzeln: das sind drei entgegengesetzte („widerwärtige") Dinge, und doch bei einander in einem Samen" (I, 106). „Ein jeglich Ding, das da wächst (P. hat oft für Organismen den Ausdruck „wachsende Dinge"), das ist ohne Form in seiner ersten materia, und ist so viel wie nichts. Wie z. B. eine Buche, eine Tanne, eine Eiche ist erstlich allein ein Same, in dem gar nichts (von dem) ist, das es sein soll" (II, 232). Die Bewegung wird eingeleitet durch Zersetzung „Putrefaktion". „So er (der Same) gesetzt wird in die Erde, so muß er zuerst faulen, sonst wird gar nichts daraus" (II, 232). So kommt die Scheidung zu Stande und damit allererst eine Mannigfaltigkeit der Formen. Unzählige Mal führt P. es aus, daß durch Scheidung die einzelnen Dinge ihr gesondertes Dasein erhalten, wie er auch durch Scheidung aus der ersten Materie die chemischen Prinzipien gewinnt. So in der kleinen, so in der großen Welt.

Aber der Begriff der Scheidung bringt in seiner Anwendung auf die große Welt weitere Probleme. Die Analogie des Samens möchte dahin führen, die Kausalität in die Natur selbst zu verlegen und, wie den gesamten Weltprozeß, so auch die Formgewinnung als inneres Vorgehen zu denken. Aber diese Folge findet keine Entwicklung; vielmehr wird durchweg auf die göttliche Thätigkeit als bewegende Kraft zurückgegangen. Erscheint dieselbe gewöhnlich künstlerischem Wirken ähnlich, so dient besonders das „Schnitzen" zur Veranschaulichung. Wieder und wieder kommt P. auf dieses Bild zurück. Darnach könnte es scheinen, als ob die Form ganz äußerlich an den Stoff heranträte und ihn willkürlich so oder so modelte. Aber auch das würde den Sinn des Denkers nicht treffen. So wenig seine Begriffe klar herausgearbeitet sind, so viel erhellt immerhin, daß er sich durch das Schnitzen etwas verwirklicht denkt, was von Anfang an irgendwie vorhanden war. Das Schnitzen ist ihm ein „Sichtbarmachen dessen, was ein Ding unsichtbar ist" (I, 96), ein „Davonthun dessen, was nicht dazu gehört" (I, 98). So erscheint die Sonderbildung der einzelnen Dinge als eine Erfüllung dessen, was sie von Anfang an sein sollten. Wohl ist das Schnitzen und Schneiden ein Wirken Gottes, aber was darin geschieht, ist den Dingen nicht fremd, sondern ursprünglich „verordnet" (s. VIII, 199); sie erreichen ihr eigenes, letzthin freilich auch von Gott bestimmtes Wesen.

Es ist leicht hier die Widersprüche aufzudecken; verrät sie doch selbst die Wahl der Bilder. Aber ein Teil dieser Widersprüche rührt lediglich daher, daß P. nach dem Begriff einer qualitativen Umwandlung ringt, ohne ihn erreichen zu können. So bleibt er abhängig von einzelnen Merkmalen, die sich mit trügerischer Hilfe sinnlicher Analogieen verfestigen und den innern Zusammenhang verlieren.

Es ist aber für Paracelsus der Bildungsprozeß ein geschlossener Abschnitt innerhalb des Gesamtbestehens der Welt. Das Werdealter endet, wenn „jegliches Besondere in seine

Art und Statt gekommen, so daß nichts mehr zu schaffen ist, sondern alles genugsam geschaffen und die Zahl erfüllet, in allen Kreaturen, Geschlecht und Wesen" (VIII, 198). Es ist dies die Periode, welcher beim Individuum die Zeit bis zur Geburt entspricht. Ein neues erwächst von nun an nur innerhalb der gegebenen Formen, indem die ihnen mögliche Fülle von Einzelgestaltungen zur Entwicklung kommt, so namentlich beim Menschen; erst wenn alle Mannigfaltigkeit seiner Bildung erschöpft ist, dann tritt der jüngste Tag ein. „Ihr sollt ein solches wissen, daß von Gott das ens seminis so geschaffen ist, daß alle die Gestalten, Farben, Formen der Menschen müssen erfüllet werden. — Der jüngste Tag ist auf den Punkt gesetzt, wo alle Farben, Formen, Gestalten und Sitten der Menschen heraus sind" (I, 16, 17). Überhaupt verfällt das All nach der Schöpfung nicht in starre Ruhe, sondern wie beim Einzelwesen, geht sein Leben im Laufe weiter und giebt sich einen immer neuen Inhalt. „Der Himmel ist alle Tage in neuer Wirkung, verändert sich täglich in seinem Wesen. Denn er gehet auch in sein Alter. Denn auch ein Kind, das geboren wird, das ändert sich gegen sein Alter, je weiter je ungleicher der Jugend, bis an den Terminum des Todes. Nun ist der Himmel auch ein Kind gewesen, hat auch einen Anfang gehabt und ist in das End prädestiniert, wie der Mensch, und mit dem Tod umgeben und verfasset" (II, 168).

Mag aber das Werdealter geschlossen hinter uns liegen, die Art, wie die Dinge aus ursprünglicher Einheit entstanden sind, wirkt auf den ganzen Weltprozeß weiter. Dem entsprechend vermag auch die Entwicklungslehre der gesamten Forschung Richtungen und Antriebe zu geben. Vor allem ist das von hervorragender Bedeutung, daß die Formen nicht gleichgiltig nebeneinander stehen, sondern von der Einheit des Gesamtlebens befaßt und durchdrungen werden. S. I, 335: „Das

Inwendige der Natur und das in der Natur das Leben ist, ist in allen Formen gleich, nichts schwächer, nichts stärker, allein in der Form unterschieden," s. auch IV, 232. Darnach kann es der Wissenschaft nicht mehr genügen, die mannigfachen Erscheinungen nebeneinander auszubreiten und schematisch zu klassifizieren, sondern jedes muß in dem Ganzen und aus dem Leben des Ganzen verstanden werden. Vornehmlich die Philosophie geht auf das Erkennen der Einheit in den Dingen, s. z. B. II, 110: „Darum ist ein Philosophus, der Eins in dem Einen weiß, der weiß dasselbige auch in den Andern — (nur mit dem Unterschiede, der die Formen betrifft, und nichts weiter). — Und wiewohl da sind verschiedene Namen, so sind doch nicht verschiedene Künste oder verschiedene Wissenschaften (»Wissen«), denn Eins ist in Allen." Auch ist viel mehr Gleichheit in Dingen und Verhältnissen, als wir nach dem ersten Eindruck anzunehmen pflegen, „wir sehen die Sonne ungleich an, die uns gleich ansiehet" (IX, 113). Freilich will P. deswegen das Einzelne und Besondere nicht zu bloßem Schein herabsetzen, es behauptet vielmehr jedes eine gewisse Eigentümlichkeit (s. X, 381 ff.), und es ergeben sich zwischen den vielen Wesen mannigfache Beziehungen, Verbindungen und Kämpfe. Aber wie dabei immer der Gedanke der Einheit durchschlägt, das zeigt sich namentlich in der Erklärung des uns Feindlichen und des dem Guten Widerstehenden.

P. nennt Gott Ursacher aller Krankheiten und will das so verstanden wissen, „daß er geschaffen hat, was uns feindlich (»widerwärtig«) ist, ebenso wohl als was uns nütz ist" (I, 58). Das dem Leben schädliche, „das Gift", ist nicht an sich schlecht; es darf nicht abgesondert und von der allgemeinen Naturerklärung losgerissen werden. S. II, 170: „Was ist, das nicht Gift ist? alle Dinge sind Gift, und nichts ohne Gift. Allein die Dosis macht, daß ein Ding kein Gift ist. Wie z. B. eine jede Speise und ein jedes Getränk, so es über seine Dosis eingenommen wird, so ist es Gift". Auch auf geistigem Gebiet zeigt P. die Neigung, die Irrung von der Wahrheit her zu begreifen. So den Aberglauben vom Glauben her; s. IX, 237: „Darum ist das allein zu verstehen in allen superstitionibus, daß sie aus dem Glauben kommen, welcher aus Gott ist, und also durch den Glauben und die Kraft, so Gott dem Glauben gegeben hat, geschehen;" IX, 231: „Es kann nicht einmal Schatten sein, auch so viel nicht, wenn du die Sonne nicht hättest, die da Schatten machte." Oder in einer andern Wendung des Bildes, die aber einer Huser nicht in authentischem Text übermittelten Stelle angehört, II, 32: „Wie der Schein von der Sonne über alle Dinge geht, und wie Gutes und Böses durch die Sonne wächst, so wachsen sie (die Schüler) auch durch das Licht der Natur. Und die Irrung nimmt sich aus wie die Nesseln, die auch wachsen aus dem Schein der Sonne." Soweit aber geht Paracelsus noch nicht, das Feindliche als für den Weltprozeß notwendig zu fordern, wie es später J. Böhme that.

Die Entwicklungslehre hat sodann eine fundamentale Bedeutung für die Stellung des Menschen im All. Bei der Bildung des Menschen als des Schlußgeschöpfes ist der ganze Inhalt der Welt zusammengefaßt, so daß alle Elemente und Kräfte des Makrokosmus sich im Mikrokosmus wiederfinden. Diese alte Lehre wird jetzt von der allgemeinen Idee des Menschen auf sein sichtbares Dasein übertragen und beherrscht in solcher Wendung Inhalt und Methode der paracelsischen Anthropologie. Freilich macht dieselbe den Menschen nicht zu einem bloßen Ergebnis und Anhängsel des Weltprozesses; sein Werden und Leben erfolgt unmittelbar von sich selber, so daß eher von Gleichheit als von Einheit beider Welten zu reden wäre. Aber insofern ist der Mensch allerdings an die große Welt gebunden, als ihr Dasein vorangehen muß, um das seine zu ermöglichen. Der „Auszug" aller Weltkräfte, wie es der Mensch ist, setzt das große Ganze notwendig voraus. Daher erscheint die Welt als Vater, der Mensch als Sohn; der Sohn aber muß dem Vater gleichen.

Zwischen der Form des menschlichen Körpers und dem Bau der Welt findet sich genaue Analogie, s. I, 117: „Die große Welt hat alle menschlichen Proportiones, Divisiones Partes, Membra 2c. wie der Mensch;" s. ferner I, 38. Die Kräfte und Gesetze der Gesamtwelt sind identisch mit denen des menschlichen Körpers, das ist der leitende Gedanke der paracelsischen Medizin. Die Ernährung des Menschen ist nur begreiflich aus jenem Verhältnisse zur Welt. S. I, 117: „Wenn der Mensch nicht dermaßen gemacht wäre aus dem ganzen Kreis, aus allen Stücken, so könnte er nicht sein die kleine Welt, so könnte er auch nicht fähig sein anzunehmen, was in der großen Welt wäre. Dieweil er aber aus ihr ist, alles das, was er aus ihr isset, dasselbig ist er selbst.*) Denn aus ihr ist er, darum wird ers, und es wird ihn. — So nimmt der Leib des Menschen den Leib der Welt an, wie ein Sohn das Blut vom Vater; denn es ist ein Blut und ein Leib, geschieden mit der Seele allein, in der scientia aber ungeschieden."

Wenn aber bei solcher Gleichheit von Mensch und Welt die Frage entsteht, wo die Forschung zu beginnen habe, so ist für Paracelsus die Antwort zweifellos. Es soll nicht die Welt vom Menschen, sondern der Mensch von der Welt her begriffen werden. Denn während uns das, was innerhalb des Menschen vorgeht, verborgen ist, legt sich uns die äußere Welt sichtbar vor. I, 72: „Der Mensch wird erlernt von der großen Welt und nicht aus dem Menschen. Das ist die

---

*) So begegnet uns hier schon der vielbesprochene Satz: Der Mensch ist, was er ißt; freilich nicht in einem so flachen Sinne, als er im modernen Materialismus erhielt.

Konkordanz, die den Arzt ganz macht, so er die Welt erkennt und aus ihr den Menschen auch, welche ein Ding sind und nicht zwei." S. II, 140—141: „Von dem Äußeren muß der Grund gehen, alsdann ist sichtbar und offenbar, was in ihm ist. Denn wie es außen ist, also ist es in ihm auch, und was außen nicht ist, das ist in ihm auch nicht," und ähnlich öfter. Dadurch erhalten Interesse und Methode der Forschung eine veränderte Richtung. Will der Mensch sich (d. h. hier zunächst seine physische Beschaffenheit) erkennen, so muß er in die große Welt schauen. Sind ja nach einem, freilich nicht authentischen, aber doch im Sinne des P. gehaltenen Ausspruch (X, 27) „Alle creata Buchstaben und Bücher, des Menschen Herkommen zu beschreiben." „Die creata sind Buchstaben, in denen gelesen wird, wer der Mensch ist." Bei solcher Überzeugung verlegt sich der Schwerpunkt der Forschung in die draußen liegende Welt, die herkömmliche scholastische Philosophie weicht der Erforschung der Natur. S. I, 330: „Wir achten auf Erden dem Menschen für leibliche Seligkeit nichts edler, als die Natur zu erkennen und von ihr als vom rechten Grunde zu philosophieren und wohl zu reden. Hingegen verachten wir die sinnliche Listigkeit, die sich philosophiam nennt, und ein gefärbtes Gedünken ist, wenn auch wohlgeblümt rc."

Für die Methode der Forschung bedeutet das eine Richtung auf Beobachtung und Erfahrung. Dahin spricht sich denn auch P. mit aller Entschiedenheit aus. „Es ist von Nöten, die Spekulation zu verlassen und dem nachzugeben, was nicht aus Spekulieren gezeigt wird, sondern aus der Deutung und Darlegung. Darüber ist nun der Streit und Krieg, daß meine Gegner spekulieren, und ich aus der Natur lehre" (II, 106). Er stellt bisweilen Philosophie und Spekulation geradezu in Gegensatz (s. z. B. II, 113), er verwahrt sich überall gegen die „Phantasten", die „fliegenden Geister";

er spottet über die, welche fliegen wollen, ehe die Flügel gewachsen sind (II, 181) ꝛc. Es verbindet sich mit dem Verlangen nach einer über Meinungen und Schulgezänk erhabenen Wahrheit der Thatsachen der Drang aus dem Engen ins Weite, aus der Studierstube in die freie Welt. Auch die Wanderlust des Paracelsus hängt eng damit zusammen. Wie wenig er selbst aber thatsächlich das „Spekulieren" vermieden, wie sehr er Beobachtung und Phantasie vermengt hat, darüber ist kein Wort zu verlieren.

Die engere Verbindung des Menschen mit der Welt bezeugt sich besonders in seinem veränderten Verhältnis zu den Tieren. Alles, was in ihnen lag, ist bei seiner Bildung zur Verwendung gelangt; daher können die Tiere als Väter des Menschen bezeichnet werden. Des Näheren stellt sich die Sache so, daß, was bei den Tieren nach den einzelnen Arten verteilt ist, im Menschen zusammentrifft; er könnte daher das universale Tier heißen. Dabei ist der eine Mensch diesem der andere jenem Tier ähnlicher, s. namentlich IX, 3 ff. Darum ist aber nicht in darwinistischer Weise der Mensch von den Tieren genetisch abzuleiten. Es müssen in der Ordnung der Natur die Tiere vorangehen, damit der Mensch möglich werde, aber seine Bildung erfolgt ursprünglich und aus dem Ganzen der Natur. — Die Gedanken von der Zusammengehörigkeit finden aber in der unbeglaubigten und wahrscheinlich unechten Schrift de fundamento scientiarum weitere Ausführung. Der Mensch kommt, nach der hier gegebenen Darlegung, mit den Tieren in der „viehischen" Vernunft überein, „keine Vernunft ist im Menschen, die nicht auch in Tieren sei" (IX, 436). Von den Tieren her soll sich der Mensch erkennen. Aber wenn der Mensch tierisch genannt werden darf, so ist es (438) „groß irrig geredt, daß man ein Tier menschlich heißt". Denn der Mensch hat nicht bloß tierisches, sondern auch ewiges in sich.

Das meint auch Paracelsus selber. Der Mensch ist einmal ein tierisches Wesen, ein „Tier der Welt," und steht als solches in dem allgemeinen Zusammenhange der Natur. „In der Natur muß der Mensch der Natur nachfolgen," wie dies eine nichtbeglaubigte Schrift (s. X, 342) ausdrückt. Aber der Mensch ist nicht nur ein Tier, sondern auch das Ebenbild Gottes, er nimmt Teil am göttlichen Geist, am übernatürlichen Licht. „Der Mensch ist mehr als die Natur. Er ist die Natur, er ist auch ein Geist, er ist auch ein Engel" (IX, 46). Daher hat er sich über das Tierische zu erheben, s. IX, 1: „Nun soll der Mensch kein Tier sein, sondern ein Mensch. Soll er nun ein Mensch sein, so muß er aus dem Geist des Lebens des Menschen leben, und also hinwegthun den viehischen Geist." Er hat nicht eine unveränderliche Beschaffenheit, sondern er kann durch die Vernunft weiter gelangen. S. I, 367: „Aber ein anderes ist zu erkennen, daß dem Ewigen der Verstand gegeben ist, daß sie nicht sollen leben in ihrem angebornen Wesen, wie die Steine und Holz, die aus ihrer Natur, Wesen und was ihnen eingeboren ist, nicht kommen, so verharren bis zum Ende der Schöpfung. Der Mensch aber soll nicht also in sich abschließen, sondern leben nach dem er in sich ein Urteil hat, das ist das Ewige. Denn solches Urteil ist ihm nur darum gegeben, daß er den Leib nicht lasse gewaltig sein, sondern die Vernunft und den Geist." Darum ist es im Sinne unseres Forschers gesprochen, wenn das durch Huser nicht beglaubigte erste Buch der philosophia sagax mit den Worten schließt (s. X, 244): „Darum obwohl mit der Natur angefangen wird, so folgt doch nicht aus dem, daß in der Natur soll aufgehört werden, und in ihr bleiben, sondern weiter suchen und enden in dem Ewigen, das ist im göttlichen Wesen und Wandel."

Den besondern Lebensinhalt des Menschen weiter zu verfolgen, liegt außerhalb unserer Aufgabe, nur das müssen wir erwähnen, daß auch auf diesem Gebiete sich der Einfluß der Lehren von der fortschreitenden Bewegung der Welt zu erkennen giebt. Namentlich wird die Ansicht von der Geschichte und vom Verhältnis der Gegenwart zur Vergangenheit dadurch bestimmt. Wie die Welt von ihrem Anfang bis zum Ende verschiedene Epochen durchläuft und darin stets Neues erlebt und Neues wirkt, so bekommt auch der Mensch immer neue Aufgaben und neue Kräfte, jeder Augenblick hat seinen eigentümlichen Inhalt. Es kann daher nicht genügen, sich an die Vergangenheit zu klammern, sondern das Leben muß in die Gegenwart gestellt werden. Aus solcher Überzeugung verteidigt Paracelsus auch sein eigenes Thun, sein Abwerfen aller Autorität. Er meint II, 160: „Dieweil der Himmel für und für im Licht der Natur neue ingenia, neue inventiones, neue artes, neue aegritudines gebiert und macht, sollen nicht dieselben auch gelten? Was nützet der Regen, der vor tausend Jahren ist gefallen? Der nützet, der jetzt in der Gegenwart fällt. Was nützet der Sonne Lauf vor tausend Jahren das jetzige Jahr? — Da ein jeglich Ding nach seiner Zeit in seine eigene monarchiam gesetzt ist, so sollen wir für das Jetzige sorgen, nicht für das Vergangene, und eine jegliche monarchia ist versorget mit vollkommenem Licht der Natur." Daher ist es verkehrt, nur einer Zeit und nur einzelnen Menschen Weisheit beizumessen. S. IX, 174: „Die Weisheit Gottes ist nicht Einem Manne allein gegeben, sondern vielen. Darum ist nicht Einer allein Meister, sondern andere auch." VIII, 204: „Darum nicht zu glauben ist Einem allein auf sein Wort, dieweil der Geist geistet, wo er will das ist, nicht allein in Einem, auch im Zweiten und Dritten." Ja weil die Verhältnisse sich gegen vordem geändert haben, ist es geradezu unverständig, starr das Frühere festzuhalten. S. II, 168: „Darum kann der Arzt damit nicht auskommen („sich behelfen"), der da spricht, ich komme aus mit den

Büchern, die vor zweitausend Jahren geschrieben sind. Es sind nimmermehr dieselbigen causae." Denn neue Krankheiten sind aufgekommen und fordern neue Namen wie neue Mittel. „Also will ich mich defendiert haben, daß ich billig eine Medizin nach der monarchia hervorbringe und an den Tag thue" (II, 163). Paracelsus schüttet die Schalen seines Spottes aus über die „Schriftweisen" (I, 6) die sich „irdische Götter" dünken, über das Lernen aus „papierenen Büchern", statt aus den „Hauptbüchern des natürlichen Lichtes" (z. B. II, 192, 195). Er meint IX, 229: „Wir sollen uns nicht zu Affen und Meerkatzen machen, die das nachthun, was wir thun," und bezeichnet den geradezu als einen blinden Menschen, der nicht sehen wolle, „was groß vor seinen Augen umschwebt alle Tag" (IX, 231).

Auch in den gesellschaftlichen Einrichtungen, in Sitten und Rechtsordnungen kann nicht alles aus Einer Zeit bemessen werden, denn neue Lagen verlangen neue Formen. Würden z. B., fragt er, eben im Interesse der Moral die Ehegesetze bleiben können, wie sie sind, wenn sich das Zahlenverhältnis der Geschlechter erheblich änderte (s. IX, 172)? „Darum so müssen dieselbigen Präzepten gemacht werden nach der Zeit, aufgehoben, und andere an die Statt. Denn die Leute sind gleich fähig, diese oder jene praecepta anzunehmen. Darum so ist es nichtig, die Dinge als ewig hinzustellen, denn was kann der Mensch ewig's machen auf Erden oder aufrichten? — Ein jegliches ewig annehmen ist eine Narrheit. Die Dinge gehen aus der Zeit, und niemand ist über der Zeit, sondern nur unter ihr" (IX, 172—173). Dabei ist aber die Überzeugung unseres Forschers, daß das Neue nicht bloß ein Anderes, sondern auch ein Besseres sei; er glaubt bestimmt an einen Fortschritt („Fürgang") der Bewegung. Die Handwerke und Künste haben sich alle mächtig vervollkommnet. S. IX,

167: „Mit der Zeit hat Gott die Dinge geschärft, gebessert und zum höchsten gebracht, je länger, je mehr." „Das muß man bedenken, daß wir alle je länger, je schärfer werden, und daß uns Gott je länger je höher lehrt, und je näher dem jüngsten Tag, je mehr Gelehrtheit, Schärfe, Weisheit, Vernunft erstehen wird" (IX, 174).

Solche Überzeugung hat die Gefahr, den Inhalt der einzelnen Zeiten zu etwas bloß relativem zu machen, ewige Wahrheiten zu leugnen und damit einen innern Zusammenhang des Ganzen aufzugeben. Dieser Gefahr entgeht aber Paracelsus, indem er die göttlichen Gebote als unwandelbar hinstellt und den Bestand der Offenbarung als ein= für alle= mal gegeben erachtet. Auf religiösem Gebiet kann daher nicht eigentlich von Fortschritt die Rede sein; das Selbstleben der Gegenwart verlangt hier nur die Entfernung alles Äußer= lichen, womit frühere Zeiten den Kern verhüllt haben; damit wir die Wahrheit unmittelbar ergreifen und es „mit Herzen vom Herzen gehe" (IX, 230). Wie aber im System des Paracelsus die ewigen Wahrheiten einen festen Punkt gegen den Wandel des geschichtlichen Lebens bilden, so weisen sie den Menschen in eine geistige Welt, die jenseits des sinnlichen Daseins liegt. Hier kann für P. von Entwicklung nicht mehr die Rede sein.

So hat die Entwicklungslehre des Paracelsus ihre festen Schranken, nach außen wie nach innen. Aber zeitgeschichtlich gewürdigt darf sie nicht als unerheblich und auch nicht als einflußlos gelten. Sie zeigt die Welt als ein lebendiges Ganze und verbindet die einzelnen Epochen in einen zu= sammenhängenden Prozeß, sie geht dem Werden der Formen nach und sucht von ihm eine Vorstellung zu gewinnen, sie verknüpft den Menschen enger mit dem Naturleben und dehnt die fortschreitende Bewegung auf seine eigene Geschichte aus. Neu ist freilich in dem allen weit weniger der begriffliche

Sinn der Ideen als ihre Annäherung an das unmittelbare Dasein, ihre Verwertung für den Einzelgehalt von Natur und Geschichte. Aber eben das war bedeutsam, indem es sonst Vereinzeltes auf den Zusammenhang wies, Starres in Fluß brachte, nach Ursachen fragen lehrte, wo man einfach hinzunehmen gewohnt war. Wohl mag gegenüber der gewaltigen Arbeit einer exakten Entwicklungslehre jene mit dem Bilde des Organismus operierende Ansicht als ein bloßes Spiel der Phantasie erscheinen, aber auch eine solche flüchtige Leistung gering zu achten dürfte derjenige Anstand nehmen, der erwägt, wie viel überall vorgeschehen muß, damit echte Arbeit ins Leben trete, und unter welchen Mühen sich eben zu dem der Weg findet, was einmal gewonnen das Einfachste von allem dünkt.

Kepler als Philosoph.*)

Mens hominis ad quanta intelligenda condita est. (K.)

Bei Kepler steht die Sache erheblich anders als bei den vorhin behandelten Männern. Seine Leistungen sind jedermann bekannt, sein Ruhm erfüllt die Welt. Bei ihm kann es sich nur darum handeln, einer Seite, die meistens vernachlässigt wird, der philosophischen, zu gebührender Anerkennung zu verhelfen. Dabei ist aber eine Behauptung zu verfechten, die in Widerspruch mit der herrschenden Meinung steht und sich daher erst durchzukämpfen hat.

Daß Keplers Bedeutung über die astronomische Leistung hinaus in die Grundbegriffe der Naturphilosophie reiche, dafür ist wiederholt und mit Nachdruck kein geringerer als Leibniz eingetreten**), aber wie es scheint, ohne nachhaltenden Erfolg.

---

*) Zuerst erschienen 1878 (Philos. Monatshefte XIV, S. 30—45). Sigwart's geistvolles Lebensbild Keplers (zuerst veröffentlicht 1867, jetzt in den Kleinen Schriften I, 182—220) und Prantl's scharfsinniger Aufsatz „Galilei und Kepler als Logiker" (philos.-hist. Sitzungsber. der Münchener Akad. 1875, II, S. 394—408) waren mir damals leider nicht bekannt geworden. Seit jener Zeit hat namentlich Windelband (Geschichte der neuern Philosophie, S. 430 ff.) die philosophische Bedeutung Keplers vortrefflich dargelegt.

**) Vornehmlich in einem Aufsatz der acta erudit. Lipsiens. von 1689, S. 82 ff. Er sagt hier u. a. von Kepler: Ipsi primum indicium debetur verae causae gravitatis et hujus naturae legis, a qua

Später feierte die Schelling'sche Naturphilosophie den ihr, wie ihr dünkte, in dem spekulativen Zuge verwandten Denker und suchte ihn wohl gegen den damals in gröblicher Weise verkannten Newton auszuspielen, aber, von der problematischen Kraft solcher Empfehlung abgesehen, fand sich dabei wenig Eingehen in die Sache, wenig Abgrenzung der eigentümlich philosophischen Leistung Keplers. Whewell und Apelt haben in der systematischen Darstellung seiner naturwissenschaftlichen Lehre die methodologische Art des Mannes, die auch Goethe lebhaft beschäftigte, zur Anerkennung gebracht, aber der Philosoph in Kepler erlangte bei dem allen nicht sein volles Recht. Was wir aber in dieser Hinsicht von ihm behaupten, was überall Gegenstand der Abweichung sein kann, ist nach zwei Seiten abzugrenzen. Es kann niemandem einfallen Kepler ein gleichmäßig ausgebildetes philosophisches System beizulegen, es kann andererseits niemand bestreiten, daß Keplers eigene Überzeugung seine Naturforschung als Teil einer weltumfassenden philosophischen Arbeit versteht. Aber nun geht die gewöhnliche Meinung dahin, daß bei K. das philosophische Element seinen Wert allein darin habe, der Naturforschung die Richtung auf das Allgemeine und Ganze zu geben, daß es für sich aber keine Bedeutung besitze. Diese Meinung, bestreiten wir; wir behaupten, daß die Philosophie Keplers, bei aller Wunderlichkeit und Vergänglichkeit des Gesamtbaues, in den Grundbegriffen von Natur und All einen erheblichen Fortschritt vollzogen hat, und daß sie daher neben den astronomischen Leistungen einen selbständigen Platz beanspruchen darf. Den Beweis dafür gedenken wir in Folgendem anzutreten.

---

gravitas pendet. Ferner hat er in seinen Schriften öfter mit anscheinender Absichtlichkeit vermerkt, daß Kepler den Begriff der Trägheit der Materie zuerst aufgestellt und ihn Descartes übermittelt habe (s. Erdm. Ausg. 228 a, 512 a, 775 b).

Keplers Doppelnatur ist bekannt. Spekulation und induktive Analyse treffen hier wunderbar zusammen. Einmal ist der große Forscher Sohn einer Zeit, die durchdrungen ist von dem einheitlichen Zusammenhange des Alls, von der Beseelung der Natur, von dem Glauben an die Macht des denkenden Geistes, die auf einem unmittelbaren, allbefassenden, innerlich beseligenden Wissen besteht. In allem Ringen und Irren war man des Fortschritts der Bewegung sicher. Die Stimmung vorgerückter Morgendämmerung beherrscht die Gemüter. Großes läßt sich ahnen, schon dünken die Umrisse hervorzutreten, aber immer wieder verschleiert ein Nebel die Gestalten und läßt der Einbildungskraft freien Spielraum. Erwartungen und Empfindungen sind aufs äußerste erregt, das Ungeheure scheint möglich, ja wahrscheinlich; der Geist macht fast übermächtige Anstrengungen, die Zusammenhänge und Ordnungen, deren Erkennen ihm Macht und Freude bringen muß, den Dingen abzutrotzen; des Schlüssels entbehrend, den erst der langsame Fortschritt der Arbeit übermittelte, will er wie durch Zauberkraft das Geheimnis der Welt enträtseln und den Zugang in das Innerste der Natur (penetralia naturae wie Kepler sagt) erzwingen. Von hier entnimmt K. die Richtung ins Große und Ganze, das Vordringen zu den Gründen, das Ringen nach einem geistigen Sinn des Alls. — Aber nicht minder charakteristisch ist ihm auf der andern Seite das Streben, über unbestimmte Umrisse hinaus zur Ausführung ins Besondere zu schreiten, die leitenden Gedanken präzis zu formulieren, die ganze Wirklichkeit bis auf den kleinsten Punkt der wissenschaftlichen Theorie zu unterwerfen. Um das zu erreichen ist ihm die mühsamste Arbeit der Induktion recht, er hat vollen Respekt vor dem Kleinen, er ist bereit, eingewurzelte prinzipielle Überzeugungen zu verlassen, sobald sich ein unauflöslicher, wenn auch äußerlich noch so geringfügiger Widerspruch mit den Daten der

Erfahrung herausstellt. Mit Recht darf er sich dessen rühmen, durch hartnäckiges Bestehen auf einer bei Annahme der Kreisbewegung unerklärlichen Differenz von acht Längeminuten*) auf die umwälzende Entdeckung der elliptischen Bahnen geführt zu sein. „Acht Minuten zeigten den Weg zur Reform der gesamten Astronomie!" Das bekundet, daß Kepler nicht bloß, wie er es that, das Wort exakt gern verwandte, sondern daß er in Wahrheit exakt arbeitete. Daher hatte er auch im wissenschaftlichen Kampfe seiner Zeit seine Stellung nach zwei Richtungen zu wahren. Verfocht er einmal Recht und Pflicht, über bloße Beobachtung hinaus zu den Gründen aufzusteigen, so durfte er sich andererseits scharf gegen die abgrenzen, welche in vagen Analogieen die Lösung wissenschaftlicher Probleme suchten.

Nun aber beruht bei den meisten großen Denkern das Gelingen des Lebenswerkes darauf, daß in ihrer Natur angelegte, zunächst neben- oder gegeneinander laufende Richtungen sich gegenseitig finden und in vereintem Wirken steigern. Das aber ist bei Kepler geschehen und darum gehört er bei allem Elend seiner Lebenslage intellektuell zu den Glücklichen. Das Zusammentreffen beider Richtungen aber erfolgte, indem jedwede in eine bestimmtere Bahn einlenkte. Der spekulative Drang gestaltete sich zu dem Verlangen einer ästhetischen Ordnung des Alls, der exakte Zug zu dem einer mathematischen Begreifung der Mannigfaltigkeit. Künstlerisches und Mathematisches aber reichte sich im Begriffe der Weltharmonie die Hand; ihre Verbindung ist das Charakteristische der Kep-

---

*) S. III. 258 (citiert nach der Gesamtausgabe von Frisch): Si contemnenda censuissem octo minuta longitudinis, jam satis correxissem (bisecta scilicet excentricitate) hypothesin cap. XVI inventam. Nunc quia contemni non potuerunt, sola igitur haec octo minuta viam praeiverunt ad totam astronomiam reformandam. S. hierüber Herbart III, 514.

lerschen Philosophie, hiermit steht alles, was ihr eigentümlich, in Zusammenhang. Daß das Gesamtergebnis der Synthese keine Anerkennung finden konnte und daß es wie eine Mär vergangener Zeit hinter uns liegt, steht außer Zweifel; aber andererseits möchten wir auch das dem Zweifel entheben, daß jene das Werkzeug wichtiger philosophischer, nicht bloß naturwissenschaftlicher Fortschritte geworden ist, daß vornehmlich die Bewegung naturphilosophischer Begriffe Kepler außerordentlich viel verdankt. — Begeben wir uns nun in die Entwicklung des Einzelnen und stellen dabei wie billig den Hauptbegriff der Weltharmonie voran.

Die Wandlung gegen frühere Fassungen dieses aus der Antike überkommenen Gedankens bekundet sich schon darin, daß hier nicht bloße Analogien, sondern feste mathematische Proportionen erkannt werden sollen.*)

Freilich hatte schon Nikolaus von Kues gelehrt, daß alle Dinge unter einander in festen Proportionen stünden, aber eine genauere Einsicht in den Zusammenhang schien dabei ein für allemal versagt.**) Was hier unmöglich schien, die exakte Erkenntnis der Harmonie des Ganzen, das eben war es, was Kepler zu leisten unternahm. Schon als Versuch hat das seine Bedingungen, suchen wir zunächst diese Bedingungen zu erkennen.

---

*) Es wird das namentlich gegenüber Robert Fludd hervorgehoben, f. V, 332: videas etiam, ipsum plurimum delectari rerum aenigmatibus tenebrosis, cum ego res ipsas obscuritate invalutas in lucem intellectus proferre nitar. Illud quidem familiare est chymicis, hermeticis, Paracelsistis, hoc proprium habent mathematici. Über den Unterschied seiner harmonischen Proportionen von bloßen Analogieen sagt er V, 332: cum harmonicae proportiones certam quantitatem definiant, analogiae contra se ipsis in infinitum excurrere sunt aptae et sic materialem infinitatis affectionem supponunt.
**) S. I, 4 (de docta ignorantia): omnia ad se invicem quandam (nobis tamen occultam et incomprehensibilem) habent proportionem.

Die Idee einer mathematisch faßbaren Weltharmonie verlangt vor allem, daß sich alle Unterschiede der Dinge als quantitative herausstellen; dafür aber ist Kepler mit Kraft und Klarheit eingetreten. Die Quantität gilt ihm als erste Eigenschaft der Substanz (s. VIII 150: primarium accidens substantiae. — ubicunque sunt qualitates, ibi sunt et quantitates, non contra semper) und ist eben deswegen als oberster Begriff nicht definierbar, s. VIII, 150. Darin erblickt er den Kern seiner Abweichung von Aristoteles, daß dieser alles auf qualitative und daher unvermittelte Unterschiede zurückführe, während er selbst alles quantitativ bestimme und so Platz für ein mittleres und für Proportionen gewinne.*) Mit solcher Behauptung bringt er aber den durchgehenden Gegensatz der antiken und der modernen Forschung auf den präzisesten Ausdruck und giebt ein Programm, dessen Ausführung Jahrhunderte beschäftigte. Was Kepler hier entwirft, das hat sich bei Leibniz über alle Gebiete des Wissens verbreitet. Kepler selbst hat jenen Gedanken nicht hinreichend verwertet, aber daß er nicht ohne allen Einfluß schattenhaft über der Arbeit schwebte, zeigt die große, ja entscheidende Bedeutung,

---

*) I, 423 Primam contrarietatem Aristoteles in metaphysicis recipit illam, quae est inter idem et aliud, volens supra geometriam altius et generalius philosophari. Mihi alteritas in creatis nulla aliunde esse videtur, quam ex materia, aut occasione materiae, at ubi materia, ibi geometria. Itaque quam Aristoteles dixit primam contrarietatem sine medio inter idem et aliud, eam ego in geometricis, philosophice consideratis, invenio esse primam quidem contrarietatem, sed cum medio, sic quidem, ut quod Aristoteli fuit aliud, unus terminus, eum nos in plus et minus, duos terminos dirimamus. S. auch V, 224: Gott bildet sui ipsius imagines, secundum magis tamen et minus; V, 223: quantitatum est mirabilis quaedam et plane divina politia rerumque divinarum et humanarum communis in iis symbolisatio.

welche er für die Lehre von der Schwere erhielt.*) Aber selbst wenn K. in die Idee keine Folge gelegt hätte: daß er sie hatte und aussprach, zeigt ihn als Philosophen. Wir müßten ihn als solchen achten, wenn er gar nichts anderes hierher gewirkt hätte. — Eine weitere Bedingung, die K. für seine Weltharmonie erhebt, widerstreitet dagegen dem Zuge moderner Wissenschaft: die Forderung der Begrenztheit der Welt. Für dieselbe ist er mit den verschiedensten Erwägungen physikalischer, ästhetischer, metaphysischer Art eingetreten und hat sich dabei in einen bewußten Gegensatz zu Nikolaus von Kues und Jordano Bruno gestellt.

Wie er sich dann weiter im Ergebnis seiner Forschung den Bestand der Weltharmonie und die geometrischen Verhältnisse der Weltkörper vorstellte, darauf brauchen wir um so weniger einzugehen, da diese Frage bei Apelt, namentlich in der Abhandlung über Keplers astronomische Weltansicht, in erschöpfender Weise behandelt ist. Wohl aber haben wir einiger allgemeiner Konsequenzen und Entwicklungen zu gedenken. Ist die Welt ein geordnetes Ganzes, das wesentliche Beziehung zum Geist hat, so erhält sie einen Wert und alles einzelne in ihr unterliegt einer Wertbestimmung; aber das Maß ist nicht mehr ein ethisches, sondern ein ästhetisches;**) die künstlerische Betrachtung verdrängt die moralische, und da es in der Art jener liegt, auch das dem unmittelbaren Gefallen widerstreitende einer umfassenderen Harmonie einzufügen, so verschwindet das Böse ganz aus dem Naturbilde.***)

---

*) Leicht und schwer werden aus Gegensätzen verschiedene Stufen, s. III, 152: Leve nihil est absolute, quod corporea materia constat, sed comparate levius est.

**) I, 315: in coelo non sunt bonum et malum ethicum, sed harmonicum, ἁρμοστον, εὐρυθμον, forte, debile, pulchrum, abjectum.

***) I, 329: defectus non est malum. Omnia bona in natura.

Ebenso verschwindet der Begriff des Widernatürlichen, so daß z. B. auch die Kometen als etwas völlig natürliches verstanden werden.*) Ein Übernatürliches will K. keineswegs leugnen, aber er will es nicht innerhalb der Welt zur Erklärung der Vorgänge heranziehen. Die Erscheinungen des Himmelsgewölbes ordnen sich den allgemeinen Gesetzen der Natur unter, es tritt zuerst eine Physik des Himmels (physica coelestis) in die Reihe der wissenschaftlichen Disziplinen ein. An dieser Stelle muß auch eine Auseinandersetzung mit theologisierender Naturerklärung stattfinden. Kepler mußte aus seiner ganzen Art für die Selbständigkeit der wissenschaftlichen Forschung eintreten. „Auf die Meinungen der heiligen Männer über diese natürlichen Dinge antworte ich mit Einem Worte, daß in der Theologie allerdings das Gewicht der Autoritäten, in der Philosophie aber das der Gründe zu ermessen ist. Heilig sei daher Lactanz, der die Rundung der Erde leugnete; heilig Augustin, der die Rundheit zugestand, aber Antipoden leugnete; heilig die heutige Geistlichkeit, welche die Kleinheit der Erde zugesteht, aber ihre Bewegung leugnet. Aber heiliger ist mir die Wahrheit, der ich, bei allem Respekt vor den Lehrern der Kirche, aus der Forschung beweise, daß die Erde rund und ringsum von Gegenfüßlern bewohnt und überaus klein ist und daß sie sich endlich mitten durch die Gestirne bewegt" (übersetzt aus III, 156). Und an Fabricius, einen astronomisch hochgebildeten, aber um die Rechtgläubigkeit Keplers besorgten ostfriesischen Geistlichen schrieb er: „Dir tritt Gott in die Natur ein, mir strebt die Natur zum Göttlichen auf" (übers. aus I, 332), eine in Wahrheit präzise Formulierung des Unterschiedes der entgegengesetzten Denkarten. — Daß aber Kepler die Freiheit der Wissenschaft nicht als

---

*) I, 341 (von den Kometen) plane naturale aliquid esse judico.

Lossagung von der Religion versteht, darüber ist kein Wort zu verlieren. Nur das sei erwähnt, daß er nicht nur aus persönlichen Beweggründen am Christentum festhält, sondern daß die Gottesidee einen wesentlichen Teil seiner philosophischen Lehre, ja die Grundvoraussetzung der Weltharmonie bildet. Denn dieselbe verlangt aus ihrer Natur eine ursprüngliche und fortdauernde Beziehung auf einen allwaltenden Geist: aus dem Schaffen des göttlichen Geistes ist sie hervorgegangen, und durch göttliches Wirken wird sie fortwährend getragen. Darum liegt Kepler so viel daran, daß an der Idee Gottes vor allem das lebendige Thun hervortrete; ja in dem absoluten Wirken erblickt er recht eigentlich sein Wesen.

Solche Gedankenrichtung bestimmt auch das Bild des menschlichen Geistes, der nach dem Ebenbilde Gottes geschaffen ist. In der Erkenntnis der Weltharmonie besteht die Aufgabe seines Daseins, in solchem erkennenden Miterleben des Alls liegt sein ganzes Wesen. In bemerkenswerter Weise wird dabei das Wesen (essentia) geradezu in das Wirken (energia) gesetzt;*) es verschwindet damit ein Sein, welches jenseits aller Bezeugung liegt, es kündigt sich eine spezifisch moderne Kategorieenlehre an, der Wesen und Kraft nur verschiedene Seiten derselben Sache sind. So im Grunde schon bei Descartes, so in voller Klarheit bei Leibniz. Durchführbar ist solcher Gedanke aber nur, wenn auch in dem, wo die Seele zu ruhen oder zu leiden scheint, ein Thun aufgewiesen, wenn überhaupt der Begriff des Thuns über die sinnfällige Äußerung hinaus vertieft und auch auf das Innengeschehen des Geistes erstreckt wird. Das aber hat Kepler mit allem Nachdruck

---

*) S. V, 256: Deus quippe est substantialis energia et ipsa hac energia subsistit (ut de divinis humano more balbutiam), et imaginis igitur divinae essentia ἐν τῷ ἐνεργεῖν consistit, ut flammae ἐν τῷ φύειν. Auch der Satz Keplers: ubique in natura aliquid agitur (II, 600) mag hier Erwähnung finden.

gewollt. Die Seele hört nie auf thätig zu sein;*) wenn vom
Äußern abgewendet, so ist sie in einem gegen sich selbst (in
se ipsam) gekehrten Wirken begriffen; denn es steckt in ihrem
eignen Wesen eine Harmonie, die sie fortwährend zu erfassen
und zu erleben hat, s. nam. V, 223 ff. Die Verfolgung dieses
Gedankens zwingt, den Bestand des Seelenlebens über das
Bewußtsein auszudehnen. Nun und nimmer erschöpft sich die
Macht der Harmonie in überlegendem Thun (discursus, ra-
tiocinatio), sie bekundet sich weit mehr noch in dem, was
natürlicher Trieb (instinctus naturalis) bei allen Menschen
alle Zeit wirkt. Als unbewußte Thätigkeit durchdringt
das Erfassen der Harmonie unser ganzes Leben. Die bei
Allen, auch den Kindern, Ungebildeten, Bauern und Bar-
baren, verbreitete Lust am Schönen, Liebe und Haß der Einzelnen zu einander, die leidenschaftliche Zuneigung der Geschlechter, der physiognomische Instinkt, diese und andere Vorgänge zeigen einen sensus proportionum sine sensu.**)
Kepler beruft sich hier gelegentlich auf den Vorgang der
Stoiker, aber das Neue ist, daß dem unbewußten Leben inhaltlich eben dieselbe Thätigkeit zugewiesen wird wie dem be-
wußten***) Damit wie in der Gesamtauffassung vom Seelen-
leben tritt Kepler Leibnizen überraschend nahe. Auch die
Beziehung des menschlichen Lebens auf das All, der Gedanke,
daß die Begreifung des Alls mit seiner Ordnung und Schönheit alle anderen Aufgaben einschließe, zeigt einen Weg, den

---

*) S. V, 256: semper ita sunt comparatae secum animae
ipsae intus, ac si agerent id, cui peragendo factae sunt, sive actu
potiantur instrumentis corporis, sive impediantur.
**) V, 225. Das ganze 2. Kap. des 4. Buches der harmonice
mundi gehört hierher.
***) S. z. B. hinsichtlich des Begriffs der unbewußten Vorstellung
V, 225: Est obtusa et obscura haec harmoniarum perceptio in
facultatibus animae inferioribus et quodammodo materialis et sub

Leibniz weiter verfolgte. Nun wissen wir, daß Leibniz Kepler kannte und ihn hoch hielt, er kannte auch die harmonice mundi; es wäre wunderbar, wenn hier kein Zusammenhang der Gedanken existieren sollte.*)

In Einklang mit der Seelenlehre gestaltet sich auch die Erkenntnislehre. Die Äußerungen schließen sich zunächst eng an die Neuplatoniker an und folgen namentlich Proklus gelegentlich bis aufs Wort. Aber darin liegt eine Vorbereitung neuer Wendungen, daß die Activität des Geistes mehr hervortritt, das Zustandekommen des aktuellen Erkennens mit mehr Sorgfalt verfolgt wird. Erkennen heißt aber gemäß der Grundüberzeugung des Systems nichts anderes als Quanta erkennen,**) das hat K. stets unwandelbar festgehalten, ja er hat es gelegentlich auch in die Folge entwickelt, daß die einfachsten Denkformen, die elementaren logischen Vorgänge sich schärferer Betrachtung als mathematische Operationen herausstellen.***)

nube quasi ignorantiae; nec enim sciunt se percipere, ut cum videntes aliquid non tamen animadvertimus, nos id videre.

*) Wie Kepler übrigens seine Lehre von der Harmonie nicht nur für das individuelle seelische Dasein, sondern auch für das gesellschaftliche Leben verwerten möchte, zeigt die in Anknüpfung an Bobin erfolgende Erörterung de medietatibus politicis (f. V, 195 ff.); auch in politischer Ordnung soll die Formel Anwendung finden: quod sit omne id, quod intercedit inter duas voces consonantes, consonans et ipsum cum illarum utraque.

**) I, 31: Ut oculus ad colores, auris ad sonos, ita mens hominis non ad quaevis, sed ad quanta intelligenda condita est, remque quamlibet tanto rectius percipit, quanto illa propior est nudis quantitatibus, ceu suae origini, ferner I, 315, 372.

***) VIII, 157. Atque adeo facultas numerandi principium quoddam est facultatis intelligendi, neque homo posset intelligere, si nesciret numerare. Nam intellectio consistit in identitate et

Des nähern befinden sich für K. die Dinge als Einheiten freilich außerhalb des Menschengeistes, aber Zahl und Harmonie erwachsen aus ihm; als Abbild des göttlichen Geistes trägt er die mathematischen Wahrheiten ursprünglich in sich. Nicht aus den Sinnen, sondern aus dem Geiste entspringt die Quantität, der Quell und Vorwurf alles Erkennens.

„Wenn der Geist nie eines Auges teilhaft gewesen wäre, so würde er sich zur Begreifung der Dinge, die außer ihm liegen, das Auge fordern und die Gesetze seiner Bildung von sich aus vorschreiben, denn das mit dem Geist gewordene Erkennen (agnitio) der Quantitäten giebt an (dictat), wie das Auge sein muß, und daher ist das Auge so beschaffen, weil der Geist so beschaffen ist, nicht umgekehrt" (s. V, 222). Dabei werden aber reine und sinnliche Quantität, wie urbildliche und sinnliche Harmonieen auseinandergehalten; hinsichtlich der letzteren bedarf der Mensch allerdings äußerer Eindrücke, aber was hier an Erkennen vorgeht, ist nichts anderes als ein Hervorlocken dessen, was potentiell in der Seele lag.**) Daher ist der Geist auch da, wo er leidend aufzunehmen scheint,

---

differentiis rerum, ut cognoscamus, quae res sint idem, quae diversum. Tum enim scimus aliquid, cum rei scimus essentiam. Essentiam vero cognoscimus per definitionem, quae est λογος οὐσιας. Definitio vero constat genere et differentia, porro causa generis res sunt idem, causa differentiae diversum. Porro unum et idem convertuntur, genus itaque et species et quodcunque universalium est quaedam unitas. Iam differentiae omnes sunt oppositae, oppositiones omnes ad hanc unam et primam rediguntur, ut omnia aut unum aut multa dicantur. Die Stelle ist übrigens erst neuerdings veröffentlicht.

**) S. von vielen Stellen z. B. V, 224: agnoscere est externum sensile cum ideis internis conferre eisque congruum judicare, ebenda: mathemata sensilia si agnoscuntur, eliciunt intellectualia intus praesentia, ut nunc actu reluceant in anima quae prius veluti sub velo potentiae latebant in ea.

in Wahrheit innerlich thätig.*) Übrigens ist zur Entwicklung und Scheidung der im Geist angelegten Proportionen Zeit und Bewegung erforderlich; nicht nur die Sinne, auch der Geist selbst kann an einer gegebenen Quantität die harmonischen Proportionen nicht ohne ein Bewegungsbild unterscheiden.**)

Darin freilich bleibt Kepler in den Schranken der aristotelischen Erkenntnislehre, daß ihm über die Realität einer materiellen Außenwelt gegenüber dem Denken kein Zweifel aufsteigt. Aber auch in den Grundbegriffen dieser Welt vollziehen sich erhebliche Verwandlungen. In durchaus selbständiger Weise findet K. das Wesen der Materie in ihrer unendlichen Teilbarkeit;***) der hergebrachten Vermengung von Körperlichem und Seelischem aber beginnt er mächtig entgegenzuarbeiten. Die überkommene aristotelische Lehre, die alle natürliche Bewegung letzthin auf innere Kräfte zurückführte, war zwar mehrfach angefochten (unter den Deutschen namentlich durch den verdienstvollen Nikolaus Taurellus), aber eine endgiltige Widerlegung konnte doch nur mittelst Ableitung der Naturzusammenhänge aus rein materiellen Ursachen erfolgen, und eine solche Ableitung war noch nicht gefunden. Kepler stand hier

---

*) V, 226: Quod delectamur harmoniis sonorum speciem passionis habet, quippe delinitionis demulsionisque, unde etiam a philosophis a patiendo sympathia dicitur animorum cum cantu; est tamen revera operatio animae, naturali motu agentis in se ipsam seseque exsuscitantis.

**) V, 229: Fit successione motuum, ut enucleentur proportiones harmonicae ab inconcinnis et secretae a mixtura illarum veluti purae in luce constituantur adque comprehendendum sensibus exporrigantur. Adeoque ne mens ipsa quidem in data quantitate proportiones harmonicas sine quadam motus imagine discernit ab inconcinnis infinitis praestatque cogitatu, quod praestat manusducta linea.

***) S. I, 137: Ipsa (scil. materia) in se unam et solam proprietatem habet, infinitatem partium, actualem quidem, vel numeri vel quantitatis, si ipsum totum actu infinitum; potentialem vero numeri, si totum actu finitum, quod solum est possibile.

zunächst unter dem Einfluß der Lehren der Übergangszeit von der allgemeinen Beseelung der Weltkörper, später aber hat er das Seelische mehr und mehr aus der Naturerklärung zurückgedrängt und nur noch der Sonne und der Erde eine Lebenskraft (vitalis facultas) zugeschrieben, unter fortwährender Erhärtung, daß dieselbe nicht als denkende Intelligenz, sondern als Lebenstrieb (instinctus) vorzustellen sei. Er selbst suchte eine rein physikalische Erklärung der Weltbewegungen zu geben, indem er sich einmal Gilberts Lehre von den magnetischen Kräften aneignete, andererseits aber den Begriff der Trägheit der Materie (inertia materiae) selbständig entwickelte. Aus solchen Überzeugungen verlegt er die bewegenden Kräfte in die Naturkörper als solche und bekämpft energisch die Heranziehung geistiger Kräfte zur Erklärung;*) auch eine Ahnung des Gesetzes der Erhaltung der Kraft könnte man in dem Satze finden, daß die Verhältnisse (proportiones) der Bewegungen seit der Schöpfung unverändert geblieben seien.**) Damit verkennen wir nicht, was Galilei und Descartes über Kepler hinaus leisteten, aber der Eintritt der rein mechanischen Naturbegreifung, die Entfernung innerer Kräfte aus dem Natur-

---

*) I, 160: Ut sic aeque non magis sit opus creaturis istis intellectu ad tuendas motuum proportiones atque librae lancibus et ponderibus mente est opus ad prodendam proportionem ponderum VI, 340: Nec fieri potest, ut globus planetarius circumagatur per solam intelligentiam. Nam primo mens, destituta potentia animali, sufficienti ad motum inferendum, nec possidet ullam vim motricem in solo nutu, nec audiri et percipi a bruto globo potest, nec, si perciperetur, globus materiatus facultatem haberet obsequendi seque ipsum movendi. III, 157: Ut ita tota ratio motuum caelestium facultatibus mere corporeis, hoc est magneticis, administretur, excepta sola turbinatione corporis Solaris.

**) I, 160: proportiones motuum inde a creatione hucusque conservantur invariabiles; Die Proportionen aber bestimmen sich durch das Wirken der bewegenden Kräfte.

geschehen bedurfte ohne Zweifel langer Vorbereitung; es mußte das Geistige erst auf ein engeres Gebiet eingeschränkt, es mußte auch in seinem Begriffe der Natur angenähert sein, bis es endlich aus dem Reich des Sichtbaren ganz entfernt werden konnte. Daß Kepler es damit nicht aus dem All entfernt, daß er alles Sein im göttlichen Geist begründet, das vergessen wir dabei nicht.

Statt aber hier weiter ins Einzelne zu gehen, statt auch etwa Keplers Ansichten — denn mehr als Ansichten sind es nicht — von der Bildung des organischen Lebens und seinem Zusammenhang mit dem Unbelebten zu betrachten, werfen wir zum Schluß noch einen Blick auf seine naturwissenschaftliche Methodenlehre; engverwachsen mit seiner allgemeinen Grundrichtung ist sie selber ohne Zweifel bei der Klarheit und Energie, mit der Kepler bestimmte Prinzipien verficht, eine philosophische Leistung. Allerdings ist hier das bleibend Wertvolle erst von manchem gewagten und überstürzenden zu sondern; der Gefahr kühner Geister ist K. nicht entgangen, zu viel in Einem zu wollen, aber trotzdem ist von hier eine so mächtige Einwirkung auf die wissenschaftliche Bewegung geübt, daß wir uns ihren Fortgang ohne K. gar nicht denken können.

Den Forscher geleitet an das Werk gute Hoffnung auf Gelingen. Gott hat alle Mannigfaltigkeit einer Weltharmonie eingefügt und alles nach bestimmten Gründen geordnet (nihil a Deo temere institutum), er hat dem Menschen als seinem Ebenbilde den Zugang zu den Tiefen des Alls vergönnt; darum darf der Forscher zu seinem Wahlspruch machen: Nicht verzagen (Non desperare). Im besondern drängt es Kepler von der Erscheinung zu den Gründen; was Kopernikus aus der Erfahrung gewonnen, das aus inneren Zusammenhängen als notwendig zu erweisen, das konnte ihm als Kern seiner eignen Aufgabe gelten.*) Seine eigenen positiven Verdienste aber finden wir namentlich in zwei Punkten. Das erste ist dieses, daß Kepler zuerst mathematisch formulierte Naturgesetze in dem Sinne der neuern Wissenschaft aufgestellt und damit das, was seit Pythagoras die Gedanken der Menschheit bewegte, aus träumender, unfruchtbarer Ahnung zu tageshellcr, förderfamer Arbeit geführt hat. Was aber solche Leistung in den Konsequenzen bedeutet, bedarf keines Wortes der Erörterung.

Das zweite nicht geringere Verdienst K.'s. besteht darin, der Kausalerklärung, zunächst innerhalb seiner astronomischen Spezialwissenschaft, in den Wirkungen aber weit darüber hinaus, eine andere Richtung gegeben zu haben. Es bekundet sich das am greifbarsten in seinen Untersuchungen über das Wesen der astronomischen Hypothese,**) die selbst aber nichts anderes sind als der theoretische Ausdruck dessen, was seine Forschung durch Werk und That leistete. Begriff und Verwendung der Hypothese, besonders in der Astronomie, war aus dem Altertum überkommen,***) aber es fehlte früher dabei der Gedanke, daß die im Interesse der Erklärung gemachten Annahmen sich im Lauf der wissenschaftlichen Entwicklung thatsächlich zu erweisen, zu verifizieren hätten. Die Hypothesen eilten nicht der Erfahrung voran, um sich später durch sie zu bestätigen und in vollgültige Theorien überzu-

---

*) I, 124: quid admirabilius, quid ad persuadendum accommodatius dici aut fingi potest, quam quod ea, quae Copernicus ex φαινομενοις, ex effectibus, ex posterioribus, quasi caecus baculo gressum firmans (ut ipse Rhetico dicere solitus est) felici magis quam confidenti conjectura constituit, atque ita sese habere credidit, ea inquam omnia rationibus a priori, a causis, a creationis idea deductis rectissime constituta esse deprehendantur, f. auch I, 113.

**) I, 238: quid sit hypothesis astronomica. Das Genauere über die logische Seite der Kepler'schen Hypothesenlehre f. bei Prantl a. a. O.

***) Über die Hypothese in der Aristotelischen Wissenschaft f. meine Schrift: Die Methode der Aristotelischen Forschung S. 134 ff.

gehen, sondern sie blieben wie ein jenseitiges über und außer ihr liegen. Ergaben sie eine bequeme Verknüpfung der Erscheinungen, so mochten sie als gerechtfertigt gelten. Damit aber gewann bei ihrer Ausbildung subjektive Willkür einen weiten Spielraum; verschiedene Hypothesen mochten als gleichwertige Möglichkeiten auftreten und sich ruhig nebeneinander ertragen. Dies erhielt nun für die Zeit Keplers eine besondere Beziehung. Die großen Entdeckungen vom All gaben sich nicht selten unter der Form einer solchen Hypothese, einer bloß subjektiven Zusammenfassung der Erscheinungen; nicht bei Kopernikus, wohl aber bei vielen seiner Anhänger,*) gelegentlich selbst bei Galilei und Descartes.

Was Kepler von diesem Wege abhielt, war an erster Stelle wohl die lautere Wahrhaftigkeit seines Wesens, denn was die anderen jenen betreten hieß, war sicherlich weit weniger wissenschaftliches Bedenken über die Richtigkeit des Neuen als Scheu sich einem Konflikt mit Theologie und Kirche auszusetzen. Aber dann wirkt zu gleichem Ziele sein wissenschaftlicher Drang, nicht bloß Formeln, sondern Gründe zu erhalten. So sucht er die Astronomie nicht auf ersonnene Hypothesen, sondern auf natürliche Ursachen, auf „wahre Ursachen" (verae causae), zu gründen; er darf sich rühmen eine Astronomie ohne alle Hypothesen (im ältern Sinne)

---

*) So heißt es in der Vorrede Osianders zu Kopernikus großem Werke: est astronomi proprium, historiam motuum caelestium diligenti et artificiosa observatione colligere. Deinde causas earundem, seu hypotheses, cum veras assequi nulla ratione possit, qualescunque excogitare et confingere, quibus suppositis iidem motus, ex geometriae principiis, tam in futurum quam in praeteritum recte possint calculari. Horum autem utrumque egregie praestitit hic artifex. Neque enim necesse est, eas hypotheses esse veras, imo ne verisimiles quidem, sed sufficit hoc unum si calculum observationibus congruentem exhibeant.

aufgestellt zu haben.*) Er war, wie Apelt (Epochen der Geschichte der Menschheit I, 243) mit Recht sagt: „Der Erste, welcher die Kunst erfand, der Natur ihre Gesetze abzufragen, während die früheren nur Erklärungsgründe fingierten, welche sie dem Laufe der Natur anzupassen versuchten." An manchen Punkten hat er das prinzipielle Verfahren auch ins Einzelne entwickelt. So zeigt er die Schranken eines Satzes, welcher die Grundlage der frühern Beweisführung war, des Satzes, daß auch aus Falschem Wahres folgen könne;**) er drängt auf scharfe Scheidung von Beobachtung und Deutung,***) welche von den Laien vermengt zu werden pflegen; er sucht auch die einzelnen Stufen der wissenschaftlichen Beweisführung sorgfältig darzulegen.†) Hinsichtlich der letzten Erklärungen war sein leitender Grundsatz, möglichst wenige und möglichst einfache Prinzipien zu suchen, der Form nach alt, aber dadurch, daß er hier nicht bloß als subjektive Maxime, sondern

---

*) VI, 121: Non mera debet esse licentia astronomis fingendi quidlibet sine ratione, quin oportet ut etiam causas reddere possis probabiles hypothesium tuarum, quas pro veris apparentiarum causis venditas. III, 156: coepi dicere, me totam astronomiam non hypothesibus fictitiis, sed physicis causis hoc opere tradere.

**) I, 112: Ista sequela ex falsis praemissis fortuita est, et quae falsi natura est, primum atque alii rei cognatae accommodatur, se ipsam prodit: nisi sponte concedas argumentatori illi, ut infinitas alias falsas propositiones assumat, nec unquam in progressu regressuque sibi ipsi constet, s. III. 262.

***) VI, 693: Est distinguendum diligenter inter ea, quae artis periti observant, et ea quae ponunt, ut illa observata per haec posita efficiant. Utrumque peritorum artis est, neutrum ad promiscuam vulgi notitiam pertinet, tantoque proclivius est altera cum alteris confundere.

†) Z. B. I, 244: Primum in hypothesibus rerum naturam depingimus, post ex illis calculum exstruimus, h. e. motus demonstramus, denique indidem vera calculi praecepta via reciproca discentibus explicamus.

als Ausdruck des wahren Wesens der Natur gilt, und dadurch unter die Kontrolle der Erfahrung gerät, erhält er eine erheblich veränderte Bedeutung. Hier zuerst tritt er in den Dienst der immanenten Naturerklärung der Neuzeit.*) — Vergleichen wir mit diesen Sätzen die Äußerungen Newtons über wissenschaftliche Methodik (nam. zu Anfang des dritten Buches der princ. math.), so ist der Zusammenhang unverkennbar;**) der Begriff der vera causa ergiebt sich leicht von Kepler her und auch derjenige der Hypothese in dem bekannten Wort hypotheses non fingo setzt seine Kämpfe wegen dieses Begriffes voraus. So steht auch hier Keplers Arbeit in weiteren geschichtlichen Zusammenhängen.

Mit dem allen ist wohl zur Genüge dargethan, daß Kepler nicht nur als ausgezeichneter Astronom, daß er auch als Forscher an den Grundbegriffen des Erkennens, daß er als Philosoph etwas bedeutet. Wir sahen im besondern, daß auch auf diesem Gebiete das Mannigfache seiner Leistung nicht zerstreut nebeneinander liegt, sondern daß es zu Einem Mittelpunkt in fester Beziehung steht.

Sollen wir dieses Ganze deswegen nicht achten, weil es uns nicht in geschlossener und abgerundeter Form entgegen-

---

*) S. I, 337: Natura simplicitatem amat. I. 113: amat illa sc. natura) simplicitatem, amat unitatem. Nunquam in ipsa quicquam otiosum aut superfluum extitit, at saepius una res multis ab illa destinatur effectibus. V, 168: Natura semper quod potest per faciliora, non agit per ambages difficiles. I, 332: Si pium et sanctum, naturalibus quantum possumus contendere, praestabit ejus sententia, qui paucioribus principiis plura efficit. Der Leibnizische Satz, daß die Natur immer die kürzesten Wege einschlage, aus dem bei Maupertuis das sog. Gesetz des kleinsten Kraftaufwandes hervorging, ist damit schon angedeutet.

**) S. Buch III. hyp. I.: causas rerum naturalium non plures admitti debere quam quae et verae sint et earum phaenomenis explicandis sufficiant. — Natura enim simplex est et rerum causis superfluis non luxuriat.

tritt, weil Kepler nicht, wie wir Kinder der Gegenwart, zu gruppieren, abzustufen, wichtiges aus unwichtigerem hervorzu= heben versteht, weil er, wie Leibniz es ausdrückt,*) seines eignen Reichtums unkundig war? — Oder soll es uns deswegen minder gelten, weil mancher bedeutende Gedanke, ja nicht wenig prinzipielle Auseinandersetzungen in Briefen und Ge= legenheitsschriften versteckt und damit für den geschichtlichen Fortgang verloren waren? Das würde doch eben nur die Wirkung, nicht die Leistung angehen; aber auch was jene betrifft, so steckte doch der Kern der Gedanken in den um= fassenden Schriften, die nicht verborgen blieben; Gesamt= anschauung und Methode war in ihnen lebendig verkörpert; die Männer aber, welche Keplers Werk fortführten, waren wahrhaftig der Art, das Große der Gedankenrichtung auch ohne ausführliche Belehrung aus der Untersuchung heraus= zulesen. Über sein umwälzendes Wirken an den Begriffen ist nicht viel geredet, für die Arbeit der Wissenschaft ist es nicht verloren gewesen.

Endlich wird uns vielleicht das viele Unsichere, Irrige, ja Widersinnige entgegengehalten, mit dem Keplers philosophi= sche Leistung behaftet, oft wie unzertrennlich verquickt ist. Ja, das kennen auch wir und wollen es nicht in Schutz nehmen, aber ebensowenig gedenken wir uns die Freude an dem Großen der Sache dadurch trüben zu lassen. Gewiß, das ästhetisch= mathematische System Keplers als Ganzes und Letztes ist eine Irrung; nur als Übergang von der Zahlenspekulation zur mathe= matischen Naturbegreifung mag es einen Wert haben. Aber dieses System war ein Hebel gewaltiger Veränderungen in Prin= zipien und Grundbegriffen; wir können diese Ergebnisse nicht darum gering achten, weil sie aus hinfälligen Zusammenhängen

---

*) S. acta erud. Lips. 1689 S. 83: suas ipse opes ignorans nec satis conscius quanta inde sequerentur.

herauszuschälen sind. Scheint es doch, daß in philosophischer Forschung ohne ein Wirken zum System sich auch an den einzelnen Punkten keine eingreifenden Umwälzungen vollziehen; nur aus der Richtung auf ein Ganzes und Letztes scheint das Kraftaufgebot zu erwachsen, das dem Erkennen wahrhafte Erweiterung zu bringen vermag. Da nun aber der Horizont der Individuen nicht der der Menschheit, die Höhe des Augenblicks nicht der Gipfel der Entwickelung ist, so müssen die Einzelsysteme zusammenbrechen. Aber wenn sie dabei ihre Frucht der Gesamtbewegung mitteilen und neue zutreffendere Synthesen vorbereiten, wenn alle besonderen Zusammenfassungen dem unerreichten Ideal eines systematischen Abschlusses der Erkenntnis dienen, so sind sie, auch mit allen ihren Irrungen, keineswegs umsonst gewesen. Darum ist bei den schaffenden Geistern, deren Lebenswerk in die Erfahrung der Menschheit eingegangen ist, auch der Irrtum ehrwürdig und ihnen darf das Wort Schellings zu gute kommen: „Hat einer mehr geirrt, so hat er mehr gewagt; hat er sich vom Ziel verlaufen, so hat er einen Weg verfolgt, den die Vorgänger ihm nicht verschlossen hatten."

Rückblick.

Nachdem, was am Schluß der Abhandlung über Nikolaus von Kues bemerkt wurde, bedarf es hier nur einer kurzen Erinnerung. Das Charakteristische jener Epoche besteht darin, daß Gedanken des ausgehenden Altertums eine immer engere Beziehung und lebendigere Durchdringung mit der umgebenden Wirklichkeit gewinnen. Damit gestalten sie selber sich um und bringen gewaltige Massen, die sonst träge ruhten, in Fluß. Das Ringen mit dem Stoff führt noch nicht zu reinen Gestaltungen und ungeheure Irrungen schießen auf, größere als das Mittelalter hervorbrachte; aber in dem Ganzen versinkt ein Altes und arbeitet sich schrittweise der Geist einer neuen Zeit auf. Gelingen und Mißlingen verändern die Lage aufs erheblichste; erst durch das Mühen dieser Zeit bereitet sich allmählich der Boden für die klassischen Leistungen der modernen Forschung. Mag daher mit Unmut an den Irrungen haften, wer sich vom Augenblick fesseln läßt; wer das Einzelne als Glied der Gesamtbewegung versteht, der wird aus jenem Ringen das Notwendige und Fördernde heraussehen und daher auch der ältern deutschen Philosophie das Verdienst fruchtbarer Mitarbeit an dem Erkenntniswerke der Menschheit nicht bestreiten.

II.

Über Bilder und Gleichnisse bei Kant.

Ein Beitrag zur Würdigung des Philosophen.

Über Bilder und Gleichnisse bei Kant.*)

Vor einiger Zeit bin ich in einer kleinen Schrift (Bilder und Gleichnisse in der Philosophie, 1880) dafür eingetreten daß das Verhältnis der Denker zu den Bildern erheblich mehr Beachtung verdient, als es thatsächlich zu erhalten pflegt. Dem Gegenstand geschieht dadurch nicht Genüge, daß hier und da ein besonders hervorstechendes Gleichnis Erwähnung findet. Denn als einzelnes erscheint dasselbe wie zufällig und für die Sache gleichgültig, während doch oft die Bilder in ihrer Wiederholung und Häufung Ausdruck und Anzeige dessen sind, daß gewisse sinnliche Vorstellungen und Vorstellungs= kreise sich dem Denkprozeß dauernd beigesellen; ja bei fort= schreitender Kombination solcher Beziehungspunkte eröffnet sich vielleicht eine noch umfassendere Aussicht. Wir gewahren die aus der Denkarbeit aufsteigende Welt begleitet oder wieder= gespiegelt von einer andern Art des Seins, die hier freilich keine weitere Geltung ansprechen darf als die luftiger Gebilde, welche sich nicht verfestigen dürfen ohne zu schädigen. Aber wenn diese luftigen Gebilde sich manchmal zu schweren Nebeln

---

*) Zuerst erschienen in der Zeitschrift für Philosophie und philoso= phische Kritik. Bd. 83. S. 161—193.

verdichten, aus denen sich reine Gestalten nicht herauszuarbeiten vermögen, so bringt nicht selten die Spiegelung in der sinnlichen Welt den Denkprozeß seiner Eigenart und seinem Gefüge nach mit besonderer Frische zur Anschauung und läßt auf die Sache selber Licht zurückfallen. Ja noch mehr: das Bild, sofern es ein mannigfaches Ganze ist und in weiteren Zusammenhängen steht, kann von sich aus den Gedanken weiter treiben, neue Verbindungen anregen, noch unversuchte Wege zeigen. In den harten Kampf um die Wahrheit aber bringt die hinzutretende Welt der sinnlichen Unmittelbarkeit ein Element freien Spiels, freudigen Überflusses, das anzieht ohne zu fesseln, beschäftigt ohne zu ermüden. Indem aber bei hinreichender Verallgemeinerung und Vertiefung des Problems die Bilder sich nicht nur für die schärfere Erfassung der einzelnen Denker, sondern auch für die Geschichte der großen Probleme, ja für das Verständnis der philosophischen Gesamtarbeit als fruchtbar erweisen, gewähren sie einen eigentümlichen Durchblick durch das Ganze, einen Durchblick, den niemand vernachlässigen dürfte, welcher der geschichtlichen Entwickelung der Begriffe und des begrifflichen Denkens überhaupt seine Forschung zuwendet.

Die allgemeinen Gesichtspunkte der Sache suchten wir in der angeführten Schrift zu entwickeln. Was dort versucht, das ließe sich erheblich weiter ausführen, aber leicht könnte ein Weiterspinnen solcher prinzipiellen Behandlung für den seiner Natur nach zarten und flüchtigen Gegenstand zu schwer werden. Gerade hier ist die Pflicht Maß zu halten besonders bringend. Daher möchten wir uns lieber in der Weise mit der Sache befassen, daß wir an einem besonders hervorragenden Denker ihre Eigentümlichkeit erweisen. Weswegen wir aber gerade Kant wählen, bedarf bei der Stellung, welche derselbe heute einnimmt, keiner Begründung.*)

---

*) Wir begrüßen mit Freuden, daß auch Vaihinger in seinem Kommentar den Bildern gebührende Beachtung widmet.

Mit dem Problem des bildlichen Ausdrucks hat sich Kant theoretisch wiederholt beschäftigt, wenn schon in einer etwas weitern Fassung des Problems als es uns hier vorliegt. So namentlich in der Kritik der Urteilskraft, sowohl wenn er von den ästhetischen Attributen handelt (s. Hartenstein V, 325 ff.*)), als auch in der Untersuchung über symbolische Darstellung von Begriffen. Bei der Erörterung der letzteren meint er: „Dies Geschäft ist bis jetzt noch wenig auseinandergesetzt worden, so sehr es auch eine tiefere Untersuchung verdient" (V, 364). An einem besondern Beispiel hat Kant die Fruchtbarkeit der Anknüpfung an ein Bild gezeigt in der ihrer Art nach mustergültigen Abhandlung: „Was heißt sich im Denken orientiren?" — Was aber sein thatsächliches Verhalten anbelangt, so läßt sich bei dem Meister begrifflicher Forschung, dem Vorbild herber Gedankenstrenge, nicht wohl ein Einfließen der Bilder in den Gedankenprozeß oder gar eine durchgehende versteckte Bildlichkeit erwarten. Selten auch finden sich Bilder gehäuft, und es ist eine Ausnahme, wenn an ihnen die Unterschiede der Begriffe entfaltet werden, wie das z. B. bei dem philosophisch wenig bedeutsamen Probleme des Verhältnisses von Affekt und Leidenschaft in der Anthropologie geschieht (VII, 572 ff.), oder wenn Kant ein ihm von J. G. Schlosser entgegengehaltenes Bild durch Daraufeingehen als nichtig erweist (s. VI, 475). Durchgängig vollzieht sich bei ihm die begriffliche Arbeit selbständig; sie gestattet dem Bilde nur die Rolle eines Begleiters, nicht die eines Führers; es mag sich anschmiegen, darf jedoch nicht herrschen. Aber in solcher Einschränkung findet sich bei Kant das Bild thatsächlich ziemlich oft, zahlreicher jedenfalls als der erste Gesamteindruck nahelegt. Eben die reine Klarheit, zu welcher der Philosoph die Begriffe

---

*) Ich citiere nach der Hartenstein'schen Ausgabe von 1867. Der Kürze halber werden wir die Schrift, der angeführte Stellen zugehören, nur da bezeichnen, wo bestimmte Veranlassung dafür vorliegt.

durcharbeitet, die eiserne Festigkeit, mit der er sie zu einem Denkganzen zusammenschmiedet, und die unwandelbare Konsequenz in der Durchführung des einmal als wahr Ergriffenen, sie erleichterten die Fixierung von Bildern, ja die Gestaltung beharrender Kreise derselben. Das letztere aber ist es, worauf wir namentlich Wert legen. Ein einzelnes einmal gebrauchtes Gleichnis*) wird nur unter besonderen Umständen Erwägung verdienen; die Bedeutung wächst mit der Wiederholung, als einer Gewähr dafür, daß das Bild nicht ein vorübergehender Einfall war; einen eigentlichen Wert für die wissenschaftliche Forschung gewinnt der Gegenstand aber erst dadurch, daß die einzelnen Bilder sich als Glieder eines größern Kreises darstellen und die Beziehung von Sache und Gleichnis, von Begrifflichem und Anschaulichem sich als Verhältnis von Ganzem zu Ganzem erweist und als solches wirkt. Nun aber ist eben dieses bei Kant in hervorragender Weise der Fall, — durchaus entsprechend dem systematischen Charakter seiner Forschung. Allerdings liebt er es nicht, in die eigentliche Untersuchung Bilder zu verflechten, vielmehr klimmt hier die Denkthätigkeit ohne jede Erholung und Unterstützung unaufhörlich aus eigner Kraft vorwärts, aber wenn der Philosoph entweder vor der Arbeit die Aufgabe überschlägt oder nach Abschluß auf das Geleistete zurückschaut, so pflegen sich alsbald Bilder einzufinden, um das Gewollte oder Vollendete dem allgemeinmenschlichen Bewußtsein näher zu bringen. Nicht selten wiederholen sie sich mit einer gewissen Beharrlichkeit und werden treue Diener besonderer prinzipieller Überzeugungen und methodologischer Richtungen. Als solche betrachtet gewähren sie eine Art Abdruck, eine Verkörperung des Systems selber. Auf diese Verkörperung, diese Versinnlichung aber einen

---

*) Bild und Gleichnis unterscheiden wir hier nicht spezifisch; von letzterem sprechen wir namentlich da, wo eine breitere Ausführung vorliegt und das zur Vergleichung herangezogene selbständiger auftritt.

raschen Blick zu werfen, ist vielleicht für das zutreffende Verständnis des heute so viel werdend umstrittenen Philosophen nicht ohne allen Nutzen. Sie mag einen eigentümlichen Reflex des Systemes geben, gerade weil sie außerhalb der eigentlichen Denkarbeit steht, weil sie kunstlos und ohne viel Überlegung erwachsen ist.

Innerhalb der langausgedehnten schriftstellerischen Thätigkeit des Philosophen zeigen sich natürlich auch bei diesem Punkte mannigfache Verschiebungen; indessen genügt für den vorliegenden Zweck die Auseinanderhaltung der vorkritischen und der kritischen Zeit. Jene steht auch hier erheblich zurück. Gelegentlich bringt das bildliche Element in die begriffliche Arbeit selber ein, nicht selten werden die Bilder dem überkommenen, vornehmlich durch Leibniz beherrschten Vorstellungskreise entlehnt; auch das Neue und Eigentümliche erreicht nicht die feste Ausprägung und noch weniger die systematische Gestaltung, die wir an der spätern Ausbildung schätzen. Immerhin wird mehrfach darauf aufmerksam zu machen sein, daß Analogieen, welche leicht der ausgereiften kritischen Philosophie ausschließlich zugesprochen werden, bis in die frühere Zeit zurückreichen, und daß sich somit auch hier ein engerer Zusammenhang beider Perioden bekundet als bis vor kurzem Annahme fand. Für unsere Betrachtung dürfte es zweckdienlich sein, von dem Höhepunkte auszugehen und das Anstrebende nur gelegentlich zu erwähnen.

Auf diesem Höhepunkte zeigt Kant seine Selbständigkeit zunächst in dem Stofflichen der Bilder. Er scheut sich nicht, überkommene eingebürgerte Vorstellungen zu benutzen, aber er macht daraus ein Neues, Tieferes; außerordentlich selten ist ein eigentlicher Anschluß an philosophische Vorgänger zu erweisen.*)

Wichtiger ist die Selbständigkeit in der Richtung und Verwendung der Bilder. Kant mußte hier eigentümlich zu

---

*) Es läßt sich z. B. fragen, ob Kant ,in dem berühmten Worte von dem Verhältnis der Philosophie zur Theologie völlig selbständig ist oder ob er dazu durch Ch. Wolff veranlaßt war, der sich äußert: „Daher

Werke gehen, wollte er seiner innersten Art treu bleiben. Die bildliche Veranschaulichung konnte bei ihm nicht der Aufgabe dienen, eine durch Metaphysik erschlossene Welt dem Verständniß anzunähern; vielmehr mußte der rückhaltlose Verzicht auf alle dogmatische Weltbegreifung jeglichen Antrieb zerstören, Grundkräfte und wesentliche Zusammenhänge des Alls zur sinnlichen Darstellung zu bringen, wie das noch sein großer Vorgänger Leibniz scharfsinnig und weitblickend versucht hatte. Zugleich verschiebt sich auch das Gebiet der Bilder. Denn indem sich nunmehr die Natur in ein System von Erscheinungen verwandelt, das uns lediglich hineingetragene Ordnung und hineingelegten Zusammenhang zurückspiegelt, verschließt sich die Möglichkeit, auf diesem Gebiete als einem selbständigen eine eigentümliche Ergänzung der begrifflichen Gestaltung des Alls zu finden. So verlegt sich die Aufgabe ihrem ganzen Umfange nach, nach Ziel und nach Mitteln, in den Kreis menschlicher Thätigkeit. Aufgehellt werden soll vornehmlich die Denk- und Erkenntnisarbeit im Aufbauen einer Welt, ihre Wege und ihr Verfahren; die Mittel dazu aber finden sich wiederum im menschlichen Wirken, nur auf anderen Stufen, in Formen, welche einfacher und sinnfälliger sind oder doch dem allgemeinen Verständniß näher liegen. Es wird also nicht ein draußen in der Ferne Befindliches herangezogen, sondern alle Aufklärung vollzieht sich innerhalb des eigenen Lebenskreises. Auch bei scheinbarem Hinausgehen über diesen Kreis bleibt der Mensch im Grunde bei sich selber. Es leuchtet ein, wie damit die Beziehung von Bild und Sache sich verinnerlichen und die zurückwirkende Kraft des Bildes wachsen muß.

Mit diesem ersten charakteristischen Punkte ist ein anderer

pflege ich im Scherze zu sagen: die Weltweisheit sei insoweit die Magd der höhern Fakultäten, insofern die Frau im Finstern tappen müßte und öfters fallen würde, wenn ihr die Magd nicht leuchtete" (Nachricht von seinen eigenen Schriften, S. 536).

eng verbunden. Es ist kaum möglich eine Thätigkeit menschlichen Lebens zur Veranschaulichung zu verwenden, ohne auszudrücken, ob diese Thätigkeit als berechtigt und normal anzuerkennen sei, ohne damit irgendwelche Wertschätzung, Ablehnung oder Zustimmung, eine Art Urteil in die Vergleichung hineinzulegen. Dies erhält eine besondere Bedeutung bei der Stellung der Kantischen Philosophie zur überkommenen Lage. In der letzten prinzipiellen Überzeugnng stellt sie sich allem Früheren schroff gegenüber; sagt doch Kant, die Kritik verhalte sich zur gewöhnlichen Schulmetaphysik gerade wie Chemie zur Alchemie, oder wie Astronomie zur wahrsagenden Astrologie. Da aber das von Kant als irrig Erachtete das ganze Gebiet der Philosophie in Besitz hatte und durch lange Tradition fest in Begriffen und Meinungen wurzelte, so ließ sich ein fortdauernder unerbittlicher Kampf nicht vermeiden. Das bekunden auch die Bilder. Die Darlegung des Eigenen ist meistens eng verknüpft mit der entschiedenen Abweisung eines Fremden, das auf Grund scharf ausgeprägter eigener Überzeugung in klarem, geschichtlich nicht immer zutreffendem, Bilde vor Augen steht. Vornehmlich trifft den rationalistischen Dogmatismus der Angriff, d. h. jenes Verfahren, welches ohne vorangehende Prüfung des Vermögens oder Unvermögens der Vernunft eine Erkenntnis des Übersinnlichen versucht; weit seltener wird der Empirismus bekämpft; gelegentlich findet sich auch gegen den Skeptizismus eine Grenzabsteckung. In Allem zusammen aber ist es namentlich Richtung und Inhalt des Erkenntnisprozesses, deren Veranschaulichung die Aufbietung von Analogieen dient. Um diesen Punkt muß sich daher auch unsere Untersuchung ersten Orts bewegen; sie wird eine gewisse Regel des Fortschreitens darin finden, daß sie von den allgemeinsten Forderungen und Bedingungen des Erkennens allmählich zu der besondern Gestaltung bei Kant aufsteigt. Es liegt in der Natur der Sache, daß dort die

Zurückweisung des Gegners, hier der Ausbau des Eignen in erster Linie steht, so daß wir bei jenem Verfahren uns von dem Ausgangspunkte einer vorwiegend polemischen Erörterung dem Ziel einer positiven Darlegung allmählich annähern.

Es sind verschiedene Gruppen von Bildern gegen den Dogmatismus ins Treffen geführt, deren jede nach einer besondern Seite hin seine Unzulänglichkeit kundthut und eine Forderung der neuen Denkart anzeigt.

Der Dogmatismus ist unsicher. Indem er baut, geht sein Streben vornehmlich dahin, das Gebäude so früh wie möglich fertig zu machen, und er untersucht erst hintennach, ob auch der Grund dazu gut gelegt sei (III, 38/39). Solche Baulust hat zur Folge, daß die menschliche Vernunft mehrmalen schon den Turm aufgeführt, hernach aber wieder abgetragen hat, um zu sehen, wie das Fundament desselben wohl beschaffen sein möchte (IV, 4). Wenn Kant überhaupt eine beharrende und breite Grundlage verlangt, wenn er über einen Beweis spottet, der so auf einer Haaresspitze gestellt ist, daß selbst die Schule ihn auf derselben nur so lange erhalten kann, als sie ihn als einen Kreisel um denselben sich unaufhörlich drehen läßt (III, 287), so findet er seine eigne Aufgabe insbesondere darin, den Boden „zu jenen majestätischen sittlichen Gebäuden eben und baufest zu machen, in welchem sich allerlei Maulwurfsgänge einer vergeblich, aber mit guter Zuversicht auf Schätze grabenden Vernunft vorfinden, und die jenes Bauwerk unsicher machen" (III, 260). Es muß aber die Kritik „den Boden zu diesem Gebäude vorher so tief, als die erste Grundlage des Vermögens von der Erfahrung unabhängiger Prinzipien liegt, erforscht haben, damit es nicht an irgend einem Teil sinke, welches den Einsturz des Ganzen unvermeidlich nach sich ziehen würde" (V, 175).

Weiter aber ist das Gebiet, welches die dogmatische Metaphysik menschlicher Einsicht zu eröffnen sich vermißt, in Wahrheit inhaltleer; die darauf bezügliche Thätigkeit tappt ohne Halt und Ziel herum, ohne zu irgendwelchem Ergebnis zu gelangen. Jenes Übersinnliche, dem sie sich nach Kants Vorstellung widmet, erscheint ihm als ein unermeßlicher und mit dicker Nacht erfüllter, vornehmlich aber als ein leerer Raum, in dem es keinen Anhalt, keinen sichern Standpunkt, keine festen Wege und Bahnen giebt. Trotzdem erhebt sich der Flug des Denkens dahin, „die leichte Taube, indem sie im freien Fluge die Luft teilt, deren Widerstand sie fühlt, könnte die Vorstellung fassen, daß es ihr im luftleeren Raume noch viel besser gelingen werde" (III, 38). Wenn so das von der Erfahrung sich ablösende Denken durchgehends als ein Fliegen erscheint, so ist mit dieser Vorstellung der Gedanke der Ziel- und Erfolglosigkeit engstens verbunden. Die Vernunft gelangt zu nichts anderem als zu einem kraftlosen Schwingen der Flügel. Ferner muß sie bei dem Hinwagen zu dem Überschwänglichen und Unerforschlichen sich von aller Beziehung auf die Erfahrung abgeschnitten sehen und darüber unvermeidlich schwindlicht werden (III, 162). Indem so das Bild luftiger Höhe für Kant die Vorstellung der Unsicherheit und des Schwindels einschließt, wird die Höhe überhaupt Gegenstand der Abneigung und des Mißtrauens. Die Bezeichnung seines Idealismus als eines „höhern" lehnt K. mit Entschiedenheit ab: „Bei Leibe nicht der höhere. Hohe Türme und die ihnen ähnlichen metaphysisch-großen Männer, um welche beide gemeiniglich viel Wind ist, sind nicht für mich. Mein Platz ist das fruchtbare Bathos der Erfahrung" (IV, 121). Als Sache der Kritik erscheint es, der Vernunft in Ansehung des Übersinnlichen die „Flügel zu beschneiden" und sie auf den Boden der Erfahrung zurückzuführen, der feste Merkzeichen ihres Ganges enthalten muß.

Der endlosen Leere gegenüber erscheint das Reich wirklicher Erkenntnis wie ein erfüllter, begrenzter Raum. Es gilt aber seine Grenze sorgfältig abzustecken, den Horizont unserer Erkenntnisse genau zu bestimmen. Wie hoch Kant diese Aufgabe hält, bekundet sich darin, daß er — und zwar schon in vorkritischer Zeit — die Metaphysik geradezu als eine Wissenschaft von den Grenzen der menschlichen Vernunft bezeichnete (II, 375). Die Ausführung dieser Aufgabe aber zeigt eine abstoßende Kraft nicht sowohl gegen die dogmatische Spekulation, als gegen den Empirismus. Mit größter Energie tritt Kant dafür ein, daß nicht das Verfahren genüge, gewisse Fragen einfach außerhalb des Horizontes menschlicher Vernunft zu verweisen, ohne diesen näher zu bestimmen. So lange nur unbestimmte Erkenntnis einer nie völlig zu hebenden Unwissenheit vorhanden sei, könne nie genau ausgemacht werden, ob gewisse Fragen überhaupt in dem menschlichen Horizont liegen oder nicht; man sei so lange niemals seiner Ansprüche und seines Besitzes sicher. Was er im Gegensatz dazu will, sucht er durch scharfe begriffliche Scheidung von Grenze und Schranke verständlich zu machen. „Grenzen setzen immer einen Raum voraus, der außerhalb einem gewissen bestimmten Platze angetroffen wird und ihn einschließt; Schranken bedürfen dergleichen nicht, sondern sind bloße Verneinungen. — Unsere Vernunft aber sieht gleichsam um sich einen Raum für die Erkenntnis der Dinge an sich selbst" (IV, 100). Grenzen können nur erkannt werden, wenn das jenseits Liegende mit in Erwägung gezogen wird; eine endgültige Entscheidung wird hier nicht ohne Gründe a priori möglich sein. „Alle Fragen unserer reinen Vernunft gehen auf das, was außerhalb diesem Horizonte oder allenfalls auch in seiner Grenzlinie liegen möge" (III, 505). Die Erkenntnis der Grenze so verstanden ist etwas Positives. „Da eine Grenze selbst etwas Positives ist, welches sowohl zu dem gehört, was innerhalb derselben, als zum Raum, der außerhalb einem gegebenen Inbegriff liegt, so ist es doch eine wirkliche positive Erkenntnis" (IV, 108). Das Verlangen einer derartigen Grenzbestimmung ist es vornehmlich, was zu den tiefen Untersuchungen der Vernunftkritik hintreibt; der bloß mit seinem empirischen Gebrauche beschäftigte Verstand, der über die Quellen seiner eigenen Erkenntnis nicht nachsinnt, vermag es nicht zu befriedigen. Wie viel es aber bedeute, die Marksteine so zu legen, daß man künftig mit Sicherheit wissen könne, ob man auf dem Boden der Vernunft oder der Vernünftelei sich befinde (Brief an M. Herz vom 24. Nov. 1776), genau zu scheiden, was wir wissen und was wir nicht wissen können, das ins Licht zu setzen, ist Kant nicht müde geworden; war er doch der Überzeugung, daß von da eine große Veränderung in der Bestimmung der Endabsichten unserer Vernunft erwachsen müsse. Wie sich Kant aber das Ergebnis in einem räumlichen Bilde vorstellt, zeigt folgende Äußerung: „Unsere Vernunft ist nicht etwa eine unbestimmbar weit ausgebreitete Ebene, deren Schranken man nur so überhaupt erkennt, sondern muß vielmehr mit einer Sphäre verglichen werden, deren Halbmesser sich aus der Krümmung des Bogens auf ihrer Oberfläche (der Natur synthetischer Sätze a priori) finden, daraus aber auch der Inhalt und die Begrenzung derselben mit Sicherheit angeben läßt. Außer dieser Sphäre (Feld der Erfahrung) ist nichts für sie Objekt" (III, 506). Aber wir können dabei nicht aufhören, uns mit der notwendigen Vernunftidee des Unbedingten zu beschäftigen und in den transzendentalen Ideen der Vernunftthätigkeit eine Richtung über jenen Kreis hinaus zu geben. Die transzendentalen Ideen „haben einen unentbehrlich notwendigen regulativen Gebrauch, nämlich den Verstand zu einem gewissen Ziele zu richten, in Aussicht auf welches die Richtungslinien aller seiner Regeln in einem Punkt zusammenlaufen, der, ob er zwar nur eine Idee (focus imaginarius), d. i. ein Punkt ist, aus welchem die Verstandesbegriffe wirklich nicht ausgehen, indem er ganz außerhalb den Grenzen möglicher Erfahrung liegt, dennoch dazu dient, ihnen die größte Einheit neben der größten Ausbreitung zu verschaffen" (III, 436). Wie tief diese Analogie des Raumbildes in das Kantische Denken eingegriffen habe, und inwiefern sich hier eine spezifische — keineswegs angriffsfreie — Ansicht vom Erkennen ausdrücke, das können wir an dieser Stelle nicht untersuchen.

Erschien in dem Vorangehenden das Gebiet der dogmatischen Metaphysik wie ein endloser leerer Raum, so wird dasselbe in ähnlichem Sinne einem endlosen Ozean verglichen, einem uferlosen Meer, in welchem der Fortschritt keine Spur hinterläßt, und dessen Horizont kein sichtbares Ziel enthält, an dem, um wie viel man sich ihm genähert habe, wahrgenommen werden könnte (VIII, 519). In der vorkritischen Zeit hatte der Philosoph nicht darauf verzichtet, diesen Ozean zu befahren, wenn anders nur das Beispiel des tüchtigen Seemanns Nachfolge finde, „welcher, sobald er irgendwo Land betritt, seine Fahrt prüft und untersucht, ob nicht etwa unbemerkte Seeströme seinen Lauf verwirrt haben" (II, 110). Später gestaltet sich ihm die Aussicht noch gefahrvoller, indem der weite und stürmische Ozean als eigentlicher Sitz des Scheins gilt, wo manche Nebelbank und manches bald wegschmelzende Eis neue Länder lügt, den auf Entdeckungen herumschwärmenden Seefahrer unaufhörlich mit leeren Hoffnungen täuscht und ihn in Abenteuer verflechtet (III, 209). Daher wird es nun zur Maxime, das hohe Meer überhaupt zu meiden und die Fahrt unserer Vernunft nur soweit fortzusetzen, als die stetig fortlaufenden Küsten der Erfahrung reichen (III, 613).

Neben diesen Bildern finden sich eine Fülle anderer Analogieen, um die Vergeblichkeit und Unfruchtbarkeit metaphysischer Arbeit zu veranschaulichen; indessen sind dieselben weniger ausgebildet und weniger beharrend, so daß wir uns enthalten können darauf einzugehen. Die falsche Sicherheit und träge Ruhe, wozu der Dogmatismus führt, vergleicht Kant gern dem Schlaf und Traum. „Die Vernunft schlummert auf dem Polster ihres, vermeintlich durch Ideen über alle Grenzen möglicher Erfahrung erweiterten Wissens" (VIII, 580). Die Kritik bedeutet dem gegenüber einen völlig wachen Zustand; das Amt des Erweckens aber hat der Skeptizismus, wie denn Kant von sich erklärt, durch Hume aus dem dogmatischen Schlummer erweckt zu sein.

So kräftig Kant in dem allen eine falsche, dogmatische Metaphysik abweist, so will er keineswegs auf alle Metaphysik verzichten. Er betrachtet dieselbe als „eine der menschlichen Vernunft unentbehrliche Wissenschaft, von der man wohl jeden hervorgeschossenen Stamm abhauen, die Wurzel aber nicht ausrotten kann" (III, 48). „Daß der Geist des Menschen metaphysische Untersuchungen einmal gänzlich aufgeben werde, ist ebensowenig zu erwarten, als daß wir, um nicht immer unreine Luft zu schöpfen, das Athemholen einmal ganz und gar einstellen würden" (IV, 115). Es gilt daher, die Aufgabe in neuer Weise anzugreifen, und zwar ist es eine wesentlich veränderte Richtung des Denkverfahrens, Umwandlung des Problems und der Methode, von welcher Kant Heil erwartet. Wenn er die Forderung methodologischer Besinnung ganz allgemein stellt, wenn er meint, der Gebrauch der Vernunft finde sich nicht, so wie der Gebrauch der Füße, von selbst vermittelst der öftern Ausübung, wenn er die überkommenen Bilder der Richtschnur, des Leitfadens, der Steuermannskunst u. s. w. verwendet, so scheint das zunächst wenig eigentümlich, aber es gewinnt einen bedeutenderen Sinn dadurch, daß Kant nicht bloß einige Besinnung, eine gewisse Orientierung, sondern daß er ein vollständiges Überschlagen des einzuhaltenden Weges, eine systematische Feststellung der die Untersuchung leitenden Prinzipien vor dem Eintreten in die Arbeit verlangt.

Man muß zuvor genau wissen, was zu leisten möglich und wie es zu leisten sei, wenn man mit Aussicht auf Erfolg das Werk angreifen will. — Die Feststellung der Methode kann aber nicht dem gemeinen Menschenverstande anheimfallen. „Meißel und Schlägel können ganz wohl dazu dienen, ein Stück Zimmerholz zu bearbeiten, aber zum Kupferstechen muß man die Radiernadel brauchen" (IV, 7). Die neue Methode, als der landläufigen bequemen Art fernliegend, erscheint als enge Pforte, als ein bisher durch Sinnlichkeit verwachsener Fußpfad; sofern sie sich aber kritisch gegen das Draußen= stehende wendet, wird sie sich als Feuerprobe, als Medusen= haupt bewähren. Die bloße Thatsache des Besitzes einer durch wissenschaftliche Überlegung gewonnenen Methode unter= scheidet die Kritik wesentlich vom Skeptizismus; derselbe setzt sein Schiff, um es in Sicherheit zu bringen, auf den Strand, da es denn liegen und verfaulen mag, „statt dessen es bei mir darauf ankommt, ihm einen Piloten zu geben, der nach sicheren Prinzipien der Steuermannskunst, die aus der Kennt= nis des Globus gezogen sind, mit einer vollständigen See= karte und einem Kompaß versehen, das Schiff sicher führen könne, wohin es ihm gut dünkt" (IV, 10).

Das Streben aber, vor der Erörterung die Prinzipien, an denen die Entscheidung hängt, völlig zu sichern, bezeugt sich bildlich in dem immer und immer wiederholten, auch schon vorkritischen, Verlangen eines sichern Probiersteins. Dies alte Bild erhält bei Kant eine durchaus charakteristische Verwendung. Es scheint ihm widersinnig, „die Gültigkeit des Probiersteins nicht aus seiner eignen Beschaffenheit, sondern durch jene Sätze, an denen er die Probe hält, (nicht die an ihm die Probe halten), zu beweisen" (VI, 4). Die entscheidenden Kennzeichen können nicht erst im Lauf der Untersuchung allmählich erhellen, sondern sie müssen vorher ausgemacht sein; sonst gerät die Untersuchung in ein zielloses

Herumtappen oder in einen fruchtlosen Zirkel. Daher legt Kant den größten Wert darauf, bei allen Prinzipienfragen den „Probierstein" zuvor festzustellen; er ist aber überzeugt, daß derselbe sich immer nur in Prinzipien a priori finden kann. Die nähere Ausführung gestaltet sich natürlich in verschiedenen Gebieten verschieden.

Wird so für Aufwerfung und Formulierung der Frage der Standort in der Vernunft genommen, so muß für die — positive oder negative — Entscheidung über thatsächliche Realität die Erfahrung eintreten, und zwar kommt alles darauf an, daß sie dabei mit ihrem wirklichen Bestande spreche, nicht durch hineingetragene Begriffe falsch gestempelt sei. Es gilt, um sichere Einsicht zu erreichen, zwei voneinander unabhängige Punkte zu gewinnen und aufeinander zu beziehen. Schon in der vorkritischen Epoche richtet Kant seinen Tadel gegen die Philosophen, welche es verständen „mit einem unmerklichen Clinamen der Beweisgründe, dadurch, daß sie nach dem Ziele gewisser Erfahrungen oder Zeugnisse verstohlen hinschielten, die Vernunft so zu lenken, daß sie gerade hintreffen mußte, wo der treuherzige Schüler sie nicht vermutet hatte, nämlich dasjenige zu beweisen, wovon man schon vorher wußte, daß es sollte bewiesen werden" (II, 366). Für das positiv einzuschlagende Verfahren gewährt auf der Höhe der Vernunftkritik das naturwissenschaftliche Experiment eine zutreffende Analogie. Wie bei diesem die Vernunft mit ihren Prinzipien, nach denen allein übereinkommende Erscheinungen für Gesetze gelten können, in einer Hand, und mit dem Experiment, das sie nach jenen ausdachte, in der andern, an die Natur gehen muß, um von ihr belehrt zu werden (s. Vorr. zur 2. Aufl. der Kritik d. rein. V., III, 16, 19), so erscheint es als Aufgabe der philosophischen Methode, „die Elemente der reinen Vernunft in dem zu suchen, was sich durch ein Experiment bestätigen oder widerlegen läßt."

Alle diese Forderungen aber sind nur vorbereitende, die entscheidende Wendung zum Gewinn eines völlig neuen Bodens liegt bekanntlich in der Verlegung des Schwerpunktes aus dem objektiven Sein in das Subjekt. Diese Umwandlung drückt sich bildlich aus in der Vergleichung mit dem Werke des Kopernikus. Der Vergleichspunkt liegt hier darin, daß die beobachteten Bewegungen nicht in den Gegenständen, sondern in dem Zuschauer gesucht werden (III, 20, 21). Auch Leibniz hatte sich gern dieser Analogie des veränderten Standortes bedient, aber ihm kam es hier vornehmlich darauf an, die gedankenmäßige Fassung des Alls gegenüber der individuell sinnlichen Empfindung zu veranschaulichen, ihm trat in dem Bilde als verbindender Punkt vornehmlich die Gewinnung einer Weltperspektive hervor, aus der sich alles harmonisch darstelle. Auch Kant hat gelegentlich die Analogie in dieser Verwendung; wo sie aber das eigentümlich Neue seines Verfahrens zum Ausdruck bringen soll, wie an der angeführten Stelle, da hat sie, wie wir sahen, einen abweichenden Sinn.

Von diesem neuen Standpunkt aus ergeben sich für Kant vornehmlich zwei methodologische Forderungen und ihnen entsprechende Mittel zur Durchführung des großen Werkes: einmal scharfe Sonderung des nach Wesen und Ursprung Verschiedenen, in der gewöhnlichen Ansicht aber und dem überkommenen Zustande des Wissens Vermengten, sodann systematische Anordnung des einem Gebiet Zugehörigen, sowie des gesamten Erkenntnisinhaltes. Wie eng beides miteinander zusammenhängt und wie das eine das andere zu steigern vermag, ist leicht zu ersehen; ob eine volle Ausgleichung beider Strebungen bei Kant erfolgt ist, haben wir hier nicht zu erörtern. Jene sondernde und auf wesentliche Unterscheidungen bringende Art zeigt Kant in schroffstem Gegensatz zu Leibniz. Während dieser überall die Dinge unter Zurückweisung des unmittelbaren Eindrucks durch das Denken dahin verwandeln wollte, daß sie alle eine einzige Stufenfolge bilden und jedes einzelne nur einen besondern Grad ein und desselben Geschehens darstellt, besteht Kant hartnäckig auf der Eigentümlichkeit des Gegebenen; da er diese Eigentümlichkeit mit großer Kraft zur Geltung bringt, so muß das Mannigfache deutlich auseinandertreten, das Verschiedene sich bis zu vollem Gegensatz von einander entfernen. So in den einzelnen Erkenntnissen, so aber auch bei ganzen Gebieten, Prinzipien und Erkenntnisquellen.

Namentlich darauf zeigt Kant sich bedacht, das a priori Entspringende und das a posteriori Gegebene, Rationales und Empirisches, durchgehend von einander zu scheiden.

Da diese Gesamtrichtung alle Probleme ergreift und ihre Behandlung eigentümlich gestaltet, so dürfen wir erwarten, daß sie sich auch in entsprechenden Bildern zum Ausdruck bringt. Dies ist in Wahrheit der Fall, und zwar finden sich besonders zwei Gruppen von Analogieen. Einmal wird das Verschiedenartige als räumlich innerhalb eines weitern Umkreises nebeneinanderliegend vorgestellt; hier gilt es die Felder abzugrenzen; es muß z. B. gesorgt werden, „daß die Grenzen der Wissenschaften nicht ineinanderlaufen, sondern ihre gehörig abgeteilten Felder einnehmen" (IV, 363). Für besondere Vermögen wie für die reine Vernunft sollen auch besondere Gebiete abgesteckt werden. Dabei unterscheidet Kants genauerer Sprachgebrauch zwischen Feld, Boden und Gebiet. „Begriffe, sofern sie auf Gegenstände bezogen werden, unangesehen, ob ein Erkenntnis derselben möglich sei oder nicht, haben ihr Feld. — Der Teil dieses Feldes, worin für uns Erkennen möglich ist, ist ein Boden (territorium) für diese Begriffe und das dazu erforderliche Erkenntnisvermögen. Der Teil des Bodens, worauf diese gesetzgebend sind, ist das Gebiet (ditio) dieser Begriffe und der ihnen zustehenden Erkenntnisvermögen" (V, 180).

Noch öfter aber stellt sich die Aufgabe so dar, ein Zusammengesetztes, Vermengtes in seine einfachen Bestandteile, in reine Elemente zu zerlegen. Dies Suchen „reiner" Begriffe, welches Kants Forschung besonders kennzeichnet, findet sein Gegenstück in dem Verfahren des Chemikers und des Mathematikers. „Was Chemiker beim Scheiden der Materien, was Mathematiker in ihrer reinen Größenlehre thun, das liegt noch weit mehr dem Philosophen ob" (III, 554). Der Hinweis auf die Chemie findet sich in der Kritik der reinen Vernunft öfter (s. z. B. III, 437), auch in der praktischen Vernunft empfiehlt Kant „in Ermangelung der Mathematik ein der Chemie ähnliches Verfahren der Scheidung des Empirischen und Rationalen" (V, 169 und in besonderer Ausführlichkeit V, 97). Vermengung empirischer Bestimmungsgründe des Willens mit dem obersten sittlichen Grundsatze würde „eben so sehr allen sittlichen Wert, als empirische Beimischung zu geometrischen Grundsätzen alle mathematische Evidenz aufheben" (V, 98); sie würde der Stärke und dem Vorzuge der Vernunft Abbruch thun, „so wie das mindeste Empirische, als Bedingung in einer mathematischen Demonstration, ihre Würde und Nachdruck herabsetzt und vernichtet" (V, 25).

Aus dieser Abgrenzung und Scheidung des Verschiedenartigen erwuchs aber die weitere Aufgabe, das als zusammengehörend Erkannte in feste Anordnung und Gliederung zu bringen. Die großartige Thätigkeit Kants in dieser Richtung, seine bewunderungswürdige Kraft, ein Vielfaches, scheinbar Zerstreutes aus einem leitenden Prinzip zur Ganzheit zu gestalten, bedarf keines Wortes der Erörterung. Eben dies war es auch seiner eignen Überzeugung nach, was ihn über Hume hinausführte, daß er das von diesem angeregte Problem nicht wie einen vereinzelten Punkt, sondern in systematischer Umsicht wie ein Ganzes behandelte (s. III, 509). Vornehmlich die Transzendentalphilosophie hat nach seiner Überzeugung wie den Vorteil, so auch die Verbindlichkeit, ihre Begriffe nach einem Prinzip aufzusuchen, weil sie aus dem Verstande, als absoluter Einheit, rein und unvermischt entspringen (III, 92). Die Metaphysik richtig verstanden ist „ihrem Wesen und ihrer Endabsicht nach ein vollendetes Ganze; entweder nichts, oder alles, was zu ihrem Endzweck erforderlich ist" (VIII, 519). Sie stellt sich dar als „das Inventarium aller unserer Besitze durch reine Vernunft, systematisch geordnet" (III, 11). Das Systematische der Erkenntnis, d. i. den Zusammenhang derselben aus einem Prinzip, zu stande zu bringen, das erscheint Kant recht eigentlich als wesentliche Aufgabe der Vernunft, s. III, 437. Unsystematisches Verfahren verwirft er als ein rhapsodistisches, als bloßes Zusammenraffen; auch auf ethischem Gebiete tadelt er das synkretistische Zeitalter mit seinem „Koalitionssystem widersprechender Grundsätze voll Unredlichkeit und Seichtigkeit" (V, 25).

Der Veranschaulichung des positiv Gewollten dienen mannigfache Bilder, einen ständigen Charakter aber besitzen vornehmlich zwei Analogieen: die des Bauwerks und die des organischen Wesens. Kant nennt die menschliche Vernunft ihrer Natur nach architektonisch, weil sie alle Erkenntnisse als zu einem möglichen System gehörig betrachte (III, 337); der Inbegriff aller Erkenntnis der reinen und spekulativen Vernunft erscheint wie ein Gebäude (III, 473). Diese Analogie wird nicht selten bis in einzelne Verzweigungen entwickelt.

Schon in der vorkritischen Zeit hatte Kant eine Prüfung und Auswahl des gesammelten Baugerätes verlangt (II, 110); später fügte er die Bedingung hinzu, daß man nicht rhapsodistisch viele Erkenntnisse als Bauzeug sammele und den Stoff aus Ruinen alter eingefallener Gebäude nehme (III, 549/50). Bei einem Überschlag des Bauzeuges haben wir zu prüfen, ob wir überall bauen und wie hoch wir wohl unser Gebäude aus dem Stoffe, den wir haben, aufführen können. Den Stoff für das System der Vernunftkritik bilden nach Kant aber die reinen Begriffe a priori, wie sie die transzendentale Elementarlehre feststellt (f. III, 473, 492). Himmelanstrebende Unternehmungen müssen seiner Überzeugung nach aus Mangel an Stoff fehlschlagen, „ohne einmal auf die Sprachverwirrung zu rechnen, welche die Arbeiter über den Plan unvermeidlich entzweien und sie in alle Welt zerstreuen mußte, um sich, ein jeder nach seinem Entwurfe, besonders anzubauen" (III, 473). Für die Gestaltung des Planes selber aber wird vornehmlich gefordert, die vorliegende Disziplin nicht wie einen Anbau und als einen Teil eines andern Gebäudes, sondern als ein für sich bestehendes Ganze zu behandeln und daher nicht in sie Prinzipien und Methoden eines andern Gebietes, wie etwa Sätze der Theologie in die Naturwissenschaft, hineinzutragen. In seiner Vollendung muß der Bau so geschlossen sein, daß er keine Lücken bietet, und es nicht not thut, „wie es bei einem übereilten Baue herzugehen pflegt, hintennach noch Stützen und Strebepfeiler anzubringen" (V, 7).

So manche Vergleichungspunkte aber das Bauwerk bieten mag, die Verbindung zum Ganzen erscheint hier als von außen herbeigeführt; weiter drängt die Innerlichkeit der Zusammengehörigkeit zum Ausdruck und erhält ihn durch die Analogie des organischen Wesens. Allerdings muß dabei der Begriff „organisch" in dem ausgeprägten neuern Sinne verstanden werden, den er erst durch Kant erhalten hat. Bis dahin war nicht sowohl das Merkmal der Innerlichkeit, als das der zweckmäßigen Verknüpfung von Verschiedenartigem in diesem Begriff maßgebend; daher konnte die Leibnizische Philosophie den Organismus als nur graduell vom gewöhnlichen Mechanismus unterschieden, als höchste Steigerung der mechanischen Zusammenfügung ansehen (organismus cujus quaevis pars machina). Kant aber verschärfte die Differenz zu einem Gegensatz, indem sich ihm das organische Wesen als ein solches darstellt, in welchem alles wechselseitig Zweck und Mittel sei. Eine solche Verbindung aber könne nicht wohl durch Zusammensetzung einzelner Elemente, sondern müsse aus innerer Gestaltung des Ganzen erwachsen. In diesem Sinne hat der Begriff des Organischen seit Anfang unseres Jahrhunderts bekanntlich eine überaus große analogische Verwendung gefunden und dadurch einen so eingreifenden — vielleicht verhängnisvollen — Einfluß auf die wissenschaftliche Arbeit geübt, daß wir das geradezu als ein klassisches Beispiel der Macht der Bilder in der Wissenschaft anführen können. Bei Kant selbst ist der Gebrauch, der sich übrigens nur in der zweiten Periode finden dürfte, ein maßvoller. Das Organische dient vor allem zur Veranschaulichung der gegenseitigen Zusammengehörigkeit und der Vollständigkeit der einzelnen Teile eines wissenschaftlichen Ganzen. Die spekulative Vernunft „enthält einen wahren Gliederbau, worin alles Organ ist, nämlich alles um Eines willen und ein jedes Einzelne um Aller willen" (III, 28 29 u. ähnlich öfter). Der Umfang des Mannigfaltigen sowohl als die Stelle der Teile untereinander sind hier a priori bestimmt. „Das Ganze ist gegliedert und nicht gehäuft; es kann zwar innerlich, aber nicht äußerlich wachsen, wie ein tierischer Körper, dessen Wachstum kein Glied hinzusetzt, sondern ohne Veränderung der Proportion ein jedes zu seinen Zwecken stärker und tüchtiger macht" (III, 548). Wie bei dem Gliederbau eines organisierten Körpers kann der Zweck jedes Gliedes nur aus dem vollständigen Begriff des Ganzen abgeleitet werden.

Neben dieser Verwendung für das Ganze der Vernunfterkenntnis findet das Bild des Organismus auch gelegentliche, aber eben nur gelegentliche, Verwendung in der politischen Theorie, in welcher es später so einflußreich werden sollte. Den äußern Anstoß dazu scheint Kant von Frankreich empfangen zu haben, wenigstens bemerkt er zur Unterstützung seines eignen Gebrauches: „So hat man sich, bei einer neuerlich unternommenen gänzlichen Umbildung eines großen Volkes zu einem Staat, des Wortes Organisation häufig für Einrichtung von Magistraturen u. s. w. und selbst des ganzen Staatskörpers sehr schicklich bedient" (V, 387 Anm.). Aber wenn er dies so versteht und begründet: „denn jedes Glied soll freilich in einem solchen Ganzen nicht bloß Mittel, sondern zugleich auch Zweck, und, indem es zu der Möglichkeit des Ganzen mitwirkt, durch die Idee des Ganzen wiederum seiner Stelle und Funktion nach bestimmt sein", so übersieht er, daß dieser Sinn dem Begriffe erst durch seine eigne neue Bestimmung gewonnen wird. Immerhin bleibt es bemerkenswert, daß der Sprachgebrauch der französischen Revolution, durch die Vertiefung seitens unseres Denkers hindurch, die bildliche Verwendung des „Organischen" hat herbeiführen helfen, welche später ein Werkzeug der historischen Ideenrichtung wurde. Übrigens bleibt bei Kant die Analogie im allgemeinen Umriß und in bescheidener Zurückhaltung. Eine zurückwirkende Kraft auf seine politische Theorie hat sie nicht gewonnen; sie konnte dieselbe nicht gewinnen, ohne mit den hier waltenden Ideen hart zusammenzustoßen. Endlich bleibt es ihm immer gegenwärtig, daß ein solcher Begriff des Organischen nicht von außen her gegeben ist, sondern aus unserer eignen Vernunft thätigkeit erwächst und an dieselbe gebunden bleibt.

So sehr die bis dahin angeführten Bilder wesentliche Richtungen der Kantischen Forschung zum Ausdruck bringen und in ihrer Verknüpfung und gegenseitigen Beziehung eine Andeutung des eigentümlichen Gesamtcharakters derselben geben mögen, so ist in ihnen das am meisten Eigenartige und Ursprüngliche noch nicht zur Anschauung gelangt: das Streben, in bewußtem Hinausgehen über das Gebiet empirisch-psychischer Vorgänge die Möglichkeit der Erkenntnis durch Erforschung der

Quellen a priori darzuthun, und zu untersuchen, wie sich die Anwendung reiner Verstandesbegriffe auf Gegenstände überhaupt rechtfertige. Dies zu leisten ist Aufgabe der Deduktion, welche den Gipfel der Transzendentalphilosophie bildet; erst von hier aus kann den Begriffen und Prinzipien objektive Gültigkeit (im Sinne Kants) gesichert werden; nur so wird eigentliches Erkennen möglich, welches erheblich mehr ist als bloßes Denken. Denn beides wird sorgfältig auseinander gehalten: „Einen Gegenstand erkennen, dazu wird erfordert, daß ich seine Möglichkeit (es sei nach dem Zeugnis der Erfahrung aus seiner Wirklichkeit, oder a priori durch Vernunft) beweisen könne" (III, 23). Es handelt sich letzthin nicht um das, „was geschieht, d. i. nach welcher Regel unsere Erkenntniskräfte ihr Spiel wirklich treiben, und wie geurteilt wird, sondern wie geurteilt werden soll; und da kommt diese logische objektive Notwendigkeit nicht heraus, wenn die Prinzipien bloß empirisch sind. — Es bedarf einer transzendentalen Deduktion, vermittelst deren der Grund so zu urteilen in den Erkenntnisquellen a priori aufgesucht werden muß" (V, 188). Durch diese Fassung der Aufgabe erhält die Transzendentalphilosophie aber eine enge Verwandtschaft mit dem Rechte. Gegenüber der Thatsache der Erwerbung eines Begriffes durch Erfahrung und Reflexion erscheint die neu eintretende Frage als auf die Rechtmäßigkeit der Erwerbung gerichtet; die Deduktion erweist sich als Legitimation, das ganze Unternehmen nicht so sehr als Feststellung eines Thatbestandes, wie als Begründung der Rechtmäßigkeit, als quaestio juris, nicht als quaestio facti.

In dieser Wendung der Forschung drückt sich der eigentümliche Charakter der kantischen Denkart besonders deutlich aus und hier vollzieht sich die schärfste Scheidung gegen allen bloßen Empirismus. Andererseits darf nicht verkannt werden, daß eben diese Analogie manche weitere Frage hervorruft und damit die großen Schwierigkeiten des Unternehmens zum Bewußtsein bringen mag. — Als Quell aller Gesetze erscheint aber bei Kant der reine Verstand; denn Gesetz ist hier die Vorstellung einer allgemeinen Bedingung, nach welcher ein gewisses Mannigfaltige gesetzt werden muß; ein solches aber kann nie durch bloße Erfahrung gegeben werden, sondern nur der Vernunft entspringen. Da nun jenen allgemeinen Bedingungen alle weitere Erkenntnis untergeordnet ist, so erscheint der Verstand als der Natur Gesetze vorschreibend; der Philosoph aber, der diese Gesetze formuliert, ist „nicht ein Vernunftkünstler, sondern der Gesetzgeber der menschlichen Vernunft".

Die Aufgabe aber, die Rechte der spekulativen Vernunft festzustellen, ihr einen Besitz gegen alle mögliche Anfechtung zu sichern, gestaltet sich näher dahin, das prinzipielle Verhältnis des Erkennens zur Erfahrung in endgültiger Weise zu bestimmen. Die herkömmliche Fassung der Frage im Zeitalter des Dogmatismus ließ eine doppelte Antwort zu und führte damit zur Ausbildung zweier großer Parteirichtungen. „Der Grundsatz, daß alles Erkenntnis allein von der Erfahrung anhebe, welcher eine quaestio facti betrifft, gehört nicht hieher, und die Thatsache wird ohne Bedenken zugestanden. Ob sie aber auch allein von der Erfahrung als dem obersten Erkenntnisgrunde abzuleiten sei, dies ist eine quaestio juris, deren bejahende Beantwortung den Empirismus der Transzendentalphilosophie, die Verneinung den Rationalismus derselben einführen würde" (VIII, 536). Nun aber zeigt Kant, daß diese Parteiung keine zufällige Bildung von vorübergehender Bedeutung sei, sondern daß sie ihren Grund in der Natur unserer Vernunft und ihrer Stellung zu den Gegenständen habe. Es verwickelt sich die Vernunft in ihrem Unterfangen einer dogmatisch-metaphysischen Begreifung des Weltalls in einen durchgehenden Widerspruch, der schlechterdings nicht ertragen, und der doch auch nicht auf dem eingenommenen

Boden überwunden werden kann. Dieser mit Notwendigkeit erwachsende innere Zwiespalt ist bekanntlich für unsern Philosophen der Hauptbeweis der Unmöglichkeit aller dogmatischen Erkenntnis. Das Scheitern aller Versuche, unsere Einsichten im Felde des Übersinnlichen zu erweitern, erhellt seiner Überzeugung nach „nicht etwa daran, daß uns eine tiefere Erkenntnis des Übersinnlichen, als höhere Metaphysik, etwa das Gegenteil jener Meinungen lehre; denn mit dem können wir diese nicht vergleichen, weil wir sie als überschwenglich nicht kennen; sondern weil in unserer Vernunft Prinzipien liegen, welche jedem erweiternden Satz über diese Gegenstände einen, dem Ansehen nach ebenso gründlichen Gegensatz entgegenstellen, und die Vernunft ihre Versuche selbst zernichtet" (VIII, 523).

Die Eigentümlichkeit und die Tragweite dieses der Vernunft innewohnenden Widerstreites drängt in besonders hohem Grade zur Veranschaulichung durch Bilder und Analogieen. Und zwar ist es vornehmlich die Vorstellung vom Rechtsstreit und seinem Verlaufe, welche dazu dient; dieselbe wird bald nach der einen, bald nach der andern Seite hin ausgeführt; verbinden wir die einzelnen Züge, so erhalten wir ein ziemlich zusammenhängendes Bild, dessen Betrachtung einiges Interesse besitzen dürfte. Von vorn herein besagt die Heranziehung der Analogie des Prozesses eine bestimmte Maxime für die Behandlung der Sache. Der thatsächlich vorhandene Gegensatz soll nicht aus irgend welchen Rücksichten abgeschwächt oder vertuscht werden; auch hier gilt, was Kant bei einer andern Gelegenheit (bei Erörterung des Streites der philosophischen Fakultät mit der theologischen) sagt: „Dieser Streit kann und soll nicht durch friedliche Übereinkunft (amicabilis compositio) beigelegt werden, sondern bedarf (als Prozeß) einer Sentenz, d. i. des rechtskräftigen Spruches eines Richters (der Vernunft); denn es könnte nur durch Unlauterkeit, Verheimlichung der Ursachen des Zwistes und Beredung geschehen, daß er beigelegt würde" (VII, 350). Andererseits aber soll der Kampf nicht als eigentlicher Krieg in der Absicht eines durch Macht und Gewalt zu erreichenden Sieges geführt werden, sondern als Rechtsstreit; das Ziel ist ein gesetzlicher Zustand, ein ewiger Friede. Die Kritik vermag uns denselben zu verschaffen, indem sie alle Entscheidungen aus den Grundregeln ihrer eignen Einsetzung hernimmt, deren Ansehen keiner bezweifeln kann; denn damit trifft sie die Quelle der Streitigkeiten selbst (III, 500).

Der Prozeß verläuft nun in folgender Weise. Beide Parteien machen Anspruch auf den alleinigen Besitz der Wahrheit. Der Gerichtshof, vor den sie zur rechtlichen Entscheidung geladen werden, ist die Vernunft. Der Mensch läßt hier die Sätze und Gegensätze auftreten „so wie sie sich, durch keine Drohung geschreckt, vor Geschworenen von seinem eignen Stande, (nämlich dem Stande schwacher Menschen), verteidigen können" (III, 338). Die Vernunft aber giebt die Entscheidung nicht durch Machtsprüche, sondern nach ihren eignen ewigen und unwandelbaren Gesetzen. Es schien nun Kant, als lägen in Sachen der Metaphysik „die Akten zur Entscheidung beinahe schon zum Spruche fertig" (IV, 468), und er fand seine eigne Aufgabe darin „die Akten dieses Prozesses ausführlich abzufassen und sie im Archive der menschlichen Vernunft niederzulegen" (III, 470). In der Ausführung sehen wir ihn besonders darauf bedacht, den Gegensatz zwischen dem Gebahren der Parteien, welche alle Mittel aufbieten, um den Schein des Rechtes für sich zu gewinnen, und der unbestechlichen, unerbittlich auf sachliche Wahrheit bringenden Vernunft zu veranschaulichen. Die Parteien häufen die Beweise, wie ein Parlamentsadvokat, welcher denkt: das eine Argument ist für diesen, das andere für jenen (V, 522). Sie benutzen die Unbehutsamkeit des Gegners, indem sie seine Berufung auf ein mißverstandenes Gesetz gern gelten lassen, um ihre

eignen unrechtmäßigen Ansprüche auf die Widerlegung des=
selben zu bauen (III, 306). Sie führen Hypothesen als
„tüchtige" Zeugen auf, die keine solchen sind, weil „jede der=
selben an sich dieselbe Rechtfertigung bedarf, welche der zu
Grunde gelegte Gedanke nötig hatte" (III, 513). Auch ge=
schieht es wohl, wie Kant an dem ontologischen und kosmo=
logischen Beweise zeigt, daß man sich auf Übereinstimmung
von Vernunft und Erfahrung als auf zwei von einander un=
abhängige Zeugen beruft, wo der erste allein „seinen Anzug
und Stimme verändert hat, um für einen zweiten gehalten
zu werden" (III, 413). Schlagen alle Mittel fehl, so bleibt
schließlich die Berufung auf Verjährung des Besitzstandes.
Die Art der Argumentation pflegt aber bei dem allen die zu
sein, daß man nicht sowohl für die eigene Behauptung einen
Beweis erbringt, als die Gegenthese bestreitet, als sei mit
ihrer Zurückweisung das eigene Recht erhärtet. Allen diesen
Kunstgriffen aber erweist sich die Vernunft als unzugänglich.
Sie besteht vornehmlich darauf, daß ein Jeder seine Sache
direkt — durch transzendentale Deduktion der Beweisgründe
— führe, damit man sehe, was seine Vernunftansprüche für
sich selbst anzuführen haben (III, 524). Diesem Geheiß ver=
mögen die Parteien nicht zu entsprechen; es ergiebt sich leicht,
daß jeder nur so lange stark ist, als er angreift, während
die Verteidigung sofort seine Schwäche aufdeckt. Die Par=
teien können sich wohl gegenseitig in die Enge treiben, aber
keine vermag ihre eigene Behauptung rechtlich zu begründen.
Solche Einsicht führt die Vernunft zur Prüfung der ihnen beiden
gemeinsamen Voraussetzung; sie sucht „in einem solchen, auf
beiden Seiten redlich gemeinten und mit Verstande geführten
Streite den Punkt des Mißverständnisses zu entdecken, um
wie weise Gesetzgeber thun, aus der Verlegenheit der Richter
bei Rechtshändeln für sich selbst Belehrung von dem Mangel=
haften und nicht genau Bestimmten in ihren Gesetzen zu

ziehen" (III, 303), und sie erweist in Verfolgung dieser Auf=
gabe, daß das Recht da, wo die Parteien es suchen, über=
haupt nicht zu finden sei, daß vielmehr ein neuer prinzipiell
überlegener Standort gesucht werden müsse. Wenn aber beide
Parteien mit ihren Ansprüchen vom Richter abzuweisen sind
und dem dogmatischen Gebrauch der reinen Vernunft end=
gültig zu entsagen ist, so wird damit nicht ihr polemischer
Gebrauch aufgehoben. „Ganz anders ist es bewandt, wenn
sie es nicht mit der Zensur des Richters, sondern den An=
sprüchen ihres Mitbürgers zu thun hat und sich dagegen
bloß verteidigen soll. Denn da diese eben so wohl dogmatisch
sein wollen, obzwar im Verneinen, als jene im Bejahen, so
findet eine Rechtfertigung $\varkappa\alpha\tau'$ $\alpha\nu\vartheta\varrho\omega\pi o\nu$ statt, die wider
alle Beeinträchtigung sichert und einen titulierten Besitz ver=
schafft, der keine fremde Anmaßungen scheuen darf, ob er gleich
selbst $\varkappa\alpha\tau'$ $\alpha\lambda\eta\vartheta\varepsilon\iota\alpha\nu$ nicht hinreichend bewiesen werden kann"
(III, 493). Diese Thatsache gewinnt besondere Bedeutung
bei der Wendung zur praktischen Vernunft, deren Eigenart
uns gleich beschäftigen wird.

Indem auf theoretischem Gebiet die Kritik die Erkenntnis
auf das sehr verengte Gebiet der Gegenstände möglicher Er=
fahrung einschränkt, zugleich aber die apriorischen Bedingungen
der Erfahrung nachweist, gewährt sie der Vernunft ein zwar
verringertes, aber unstrittiges Eigentum, einen niemals mehr
anzufechtenden Besitz. Der geschilderte Kampf und Streit
verwahrt die Vernunft „vor dem Schlummer einer eingebil=
deten Überzeugung, den ein bloß einseitiger Schein hervor=
bringt" (III, 293). „Diesem Dienste der Kritik den positiven
Nutzen abzusprechen, wäre eben soviel, als sagen, daß Polizei
keinen positiven Nutzen schaffe, weil ihr Hauptgeschäft doch
nur ist, der Gewaltthätigkeit, welche Bürger von Bürgern zu
besorgen haben, einen Riegel vorzuschieben, damit ein jeder
seine Angelegenheit ruhig und sicher treiben könne" (III, 22).

Würde sich aber die Frage der rechtlichen Begründung gegen die apriorischen Funktionen selber richten, so antwortet Kant: „Es giebt auch eine ursprüngliche Erwerbung (wie die Lehrer des Naturrechts sich ausdrücken), folglich auch dessen, was vorher noch gar nicht existiert, mithin keiner Sache vor dieser Handlung angehört hat" (VI, 37).

Wenn nach dem allen das Gebiet der spekulativen Erkenntnis sich darstellt als ein rechter Kampfplatz nimmer beizulegender Fehden, so verhält es sich anders auf praktischem Gebiet. Hier ist die Vernunft — vermöge der Idee der Freiheit — im Besitze, und zwar gründet sich der Rechtsanspruch, selbst der gemeinen Menschenvernunft, auf Freiheit des Willens auf das Bewußtsein und die zugestandene Voraussetzung der Unabhängigkeit der Vernunft von bloß subjektiv-bestimmenden Ursachen (IV, 305). Hier darf daher der positiv Behauptende den Beweis dem Gegner zuschieben, und da er völlig sicher ist, daß derselbe diesen nie erbringen kann, so darf er seines Besitzes ebenso sicher sein. „Wo Bestimmung nach Naturgesetzen aufhört, da hört auch alle Erklärung auf, und es bleibt nichts übrig, als Verteidigung, b. i. Abtreibung der Einwürfe derer, die tiefer in das Wesen der Dinge geschaut zu haben vorgeben und darum die Freiheit dreist für unmöglich erklären" (IV, 307). „Für den Gegner haben wir unser non liquet in Bereitschaft, welches ihn unfehlbar verwirren muß, indessen daß wir die Retorsion desselben auf uns nicht weigern, indem wir die subjektive Maxime der Vernunft beständig im Rückhalte haben" (III, 495). Nach dem allen hat die praktische Philosophie von der theoretischen die Hilfe zu erwarten, daß sie ihr Ruhe und Sicherheit gegen äußere Angriffe schaffe, die ihr den Boden, worauf sie sich anbauen will, streitig machen. Im Besondern ist der scheinbare Widerstreit zwischen Natur und Freiheit aufzuheben, denn im Fall die Forschung ihn unangerührt lassen wollte, so „ist die

Theorie hierüber bonum vacans, in dessen Besitz sich der Fatalist mit Grunde setzen und alle Moral aus ihrem ohne Titel besessenen vermeinten Eigentum verjagen kann" (IV, 304).

Das Bild des Prozesses wird übrigens auch neben jener hauptsächlichsten Verwendung von Kant gern herangezogen. So z. B. in dem „Streit der Fakultäten", beim Problem der Theodicee, in der Polemik gegen Eberhard u. s. w. Überall gewahren wir die Neigung, eine erhobene Streitfrage als Rechtsfrage zu behandeln. — Bei jenem Hauptproblem wird übrigens statt des Prozesses nicht selten auch die nahe verwandte Analogie eines nach bestimmten Regeln angestellten Zweikampfes gebraucht. Die dogmatischen Parteien sind die Kämpfer, die Vernunft der unparteiische Kampfrichter; der Verlauf hat das Eigentümliche, daß — bei der hier üblichen apagogischen Beweisart — jeder Kämpfer im Vorteil ist, so lange er angreift, daß er aber in Nachteil gerät, sobald er sich verteidigen muß. So erscheint derjenige als Sieger, welcher den letzten Angriff gethan hat. Dies Bild wird gewöhnlich in allgemeinstem Umriß gehalten, nur an einzelnen Stellen findet eine weitere Ausführung statt. So heißt es z. B.: „Zu einer vollständigen Rüstung gehören auch die Hypothesen der reinen Vernunft, welche, obzwar nur bleierne Waffen (weil sie durch kein Erfahrungsgesetz gestählt sind), dennoch immer soviel vermögen, als die, deren sich irgend ein Gegner wider euch bedienen mag" (III, 515). Oder die Erfolglosigkeit der Angriffe wird versinnlicht, indem es heißt: „Die Schatten, die sie zerhauen, wachsen, wie die Helden in Walhalla, in einem Augenblick wiederum zusammen" (III, 503).

Auch bei solchem Zweikampf schwebt Kant immer das Bild eines endgültig zu gewinnenden Rechtszustandes vor, es erweist sich auch in diesem Gleichnisse das Wirken der Rechtsidee. Eine so weitgehende und eingreifende Verwendung dieser Idee ist aber nicht allein charakteristisch für die theoretische

Fassung der Aufgabe, sondern dadurch, daß als Ziel der Vernunftkritik die Herbeiführung eines sichern Rechtszustandes, die unappellable Zurückweisung aller unberechtigten Ansprüche erscheint, wird das Ganze auch ethisch belebt und erwärmt. Für unsern Philosophen, welcher wiederholt das Recht den Augapfel Gottes auf Erden nannte, der nichts so empörend fand als Ungerechtigkeit, und der meinte, „wenn die Gerechtigkeit untergeht, so hat es keinen Wert mehr, daß Menschen auf Erden leben", für ihn konnte forschendes Ringen sittlich nicht höher erhoben werden, als indem er den Dienst an der Wahrheit verstand als einen Kampf ums Recht.

Wenn sich die bisherige Entwicklung des Gegenstandes der Veranschaulichung des allgemeinen philosophischen Verfahrens zuwandte, so mag sie prinzipiell die verschiedenen Gebiete gleichmäßig umfassen, aber es liegt in der Natur der Sache, daß dabei die theoretische Philosophie thatsächlich den Vordergrund gewinnt. Es mag daher die Bemerkung nicht unterbleiben, daß auch auf dem Felde der praktischen Vernunft sich zahlreiche Bilder finden. Dieselben schließen sich hier nicht zu so festen Gruppen zusammen, aber sie dienen doch vorwiegend einem gemeinsamen Zwecke. Es besteht aber derselbe darin, die Schärfe des sittlichen Gegensatzes, die Unzulänglichkeit aller äußerlichen Hilfsmittel, die Notwendigkeit des Aufgebotes aller Kräfte so augenscheinlich wie möglich zu machen. Weniger ein systematischer Aufbau als allgemeine Grundanschauungen und Wertschätzungen streben hier zur Eindringlichkeit. Daher erklärt es sich leicht, daß die hier verwandten Bilder der herkömmlichen und populären Vorstellungsweise erheblich näher stehen als die des theoretischen Gebietes; sie sind im Grunde mehr charakteristisch für den Menschen als für den Philosophen Kant. Eine weitere Auseinandersetzung glauben wir daher unterlassen zu dürfen; nur Ein Beispiel möge zeigen, wie gewissenhaft bis ins Kleine der

Denker auch hier verfährt. Es gilt die Veranschaulichung der dem Moralgesetze widersprechenden Beschaffenheit des Menschen. Dies geschieht durch die Vergleichung mit einem krummen Holze, woraus nichts ganz Gerades gezimmert werden kann (IV, 149; VI, 198). Aber damit das recht genau gefaßt werde, sieht sich der Philosoph veranlaßt, den Begriff des Krummen selbst zu erklären, indem er ihn von dem des Schiefen unterscheidet (VI, 491; VII, 30). Beim Krummen handelt es sich um eine innere Beschaffenheit der Linie, beim Schiefen aber um die Lage zweier Linien zu einander. Bei der Vergleichung mit dem Krummen erscheint daher der Widerstreit zum Sittengesetz als der Innerlichkeit angehörig, nicht aus äußeren Verhältnissen erwachsen.

Zum Schluß möge es gestattet sein, auch der Art zu gedenken, wie Kant das Gesamtergebnis seiner Forschung in Bildern zum Ausdruck bringt.

Hatte er schon in vorkritischer Zeit den in sich zurückkehrenden Zirkel als Bild für die Vollständigkeit der Untersuchung verwandt (f. II, 204), so heißt es im Rückblick (VIII, 562): Die reine Vernunft „beschreibt ihren Horizont, der von der Freiheit, als übersinnlichem, aber durch den Kanon der Moral erkennbarem Vermögen theoretisch-dogmatisch anhebend, ebendahin auch in praktisch-dogmatischer, d. i. einer auf den Endzweck, das höchste in der Welt zu befördernde Gut, gerichteten Absicht zurückkehrt" (VIII, 562). Weiter aber heißt es, es gebe zwei Angeln, um welche sich die Vernunftkritik drehe: Idealität von Raum und Zeit und Realität des Freiheitsbegriffes. „Beide Angeln sind gleichsam in dem Pfosten des Vernunftbegriffes von dem Unbedingten in der Totalität aller einander untergeordneter Bedingungen eingesenkt" (VIII, 573).

Von dem hohen Fluge ins Übersinnliche wird die Vernunft zurückgerufen: „Freilich fand es sich, daß, wo wir zwar einen Turm im Sinne hatten, der bis an den Himmel reichen sollte, der Vorrat der Materialien doch nur zu einem Wohnhause zureichte, welches zu unseren Geschäften auf der Ebene der Erfahrung gerade geräumig und hoch genug war, sie zu übersehen" (III, 473).

Würde eine derartige Einschränkung Anstoß erregen, so vermag Kant zu erwidern: „Der die Klippen zeigt, hat sie darum doch nicht hingestellt" (VIII, 763). In der Sache aber meint er, daß der Verlust nur das Monopol der Schulen, keineswegs das Interesse der Menschen treffe (III, 25/26). Auch soll die Obenanstellung der praktischen Vernunft nicht zur trägen Ruhe der theoretischen führen. Dieselbe hat ihr Werk nicht ein für allemal gethan, sondern da der Keim zu den Irrungen, welche sie zerstört, in der Vernunft selber liegt, der Schein, den sie bekämpft, ein natürlicher und unvermeidlicher ist, so dauert die Aufgabe fort; immer von neuem wird der Irrtum hervorbrechen, immer von neuem seine Zurückweisung Kraftanstrengung fordern. Die Philosophie bleibt ein immer bewaffneter (gegen die, welche Erscheinung und Ding an sich verwechseln), die Vernunftthätigkeit unaufhörlich begleitender Zustand. Freilich ist streitbare Verfassung noch kein Krieg, aber es sollen auch im Frieden die Kräfte des durch Angriffe in scheinbare Gefahr gesetzten Subjekts immer rege gehalten werden. Es soll die Philosophie zur kontinuierlichen Belebung des Menschen und zur Abwehrung des Todesschlafs hinwirken (VI, 493). Es muß das System der reinen Vernunft „beständig bewohnt und im baulichen Wesen erhalten werden, wenn nicht Spinnen und Waldgeister, die nie ermangeln werden, hier Platz zu suchen, sich darin einnisteln und es für die Vernunft unbewohnbar machen sollen" (VIII, 573). „Spekulative Einschränkung der reinen Vernunft und praktische Erweiterung derselben bringen dieselbe allererst in dasjenige Verhältnis der Gleichheit, worin Vernunft überhaupt

zweckmäßig gebraucht werden kann, und dieses Beispiel be=
weiset besser, als sonst eines, daß der Weg zur Weisheit,
wenn er gesichert und nicht ungangbar oder irreleitend wer=
den soll, bei uns Menschen unvermeidlich durch die Wissen=
schaft durchgehen müsse" (V, 147). So weit Kant.

Es wäre vielleicht nicht ohne Interesse, die Verwendung
von Bildern bei ihm auch unabhängig von dem jetzt ver=
folgten Faden des allgemeinsten Gedankenganges zu betrachten
und etwa mit einer Art Umwendung den Standort nicht bei
den durch das Bild aufzuhellenden Gedanken, sondern in den
zur bildlichen Verwendung herangezogenen Gebieten zu nehmen.
Dabei würde sich bemerklich machen, welche Kreise allgemein=
menschlicher Bildung, welche Interessen der Zeit, welche Teile
des gesellschaftlichen und bürgerlichen Lebens, aber auch welche
Gebiete der Natur ihm zur Auswahl vornehmlich gegen=
wärtig waren; wir würden z. B. sehen, in welcher Weise er
politische Gedanken und Schätzungen seiner Zeit verwandte,
wie eigentümlich er, wenn schon meist in flüchtiger Andeutung,
Vorstellungen aus dem kaufmännischen Leben in seine Dar=
legungen einzuweben weiß, wie gern er sich zur Aufhellung
letzter prinzipieller Überzeugungen an die Astronomie wendet
u. s. w. Aber alles dies hat mehr für die menschliche In=
dividualität als für die Philosophie Kants Bedeutung, es
würde für andere Zusammenhänge wertvoll sein als diejenigen,
denen sich unsere Erörterung widmet.

Begnügen wir uns also damit einen Blick zurückzuwerfen.
Unsere Untersuchung war nicht auf ein einzelnes Ergebnis
zugespitzt und kann also auch nicht mit einem solchen ab=
schließen. Was sie erstrebte, war, von einem gewöhnlich wenig
beachteten Punkte aus einen Querschnitt des Ganzen zu geben.
Unser Zweck ist erreicht, wenn das Mannigfache sich zu einer
gewissen Einheit zusammenschließt und dadurch die eigentüm=
liche Denkart, der intellektuelle Charakter des großen Philo=
sophen einige Veranschaulichung findet.

Die Bilder bei Kant haben für den ersten Anblick etwas Alltägliches und Nüchternes, ja es kann scheinen, als enthielten sie nicht eben viel Bedeutendes und Neues. Aber je weiter wir sie verfolgen, je mehr wir dem Zusammenhange mit den leitenden Gedanken nachgehen, desto mehr tritt ihre Eigentümlichkeit ans Licht, desto mehr überzeugen wir uns, daß sie neuen Ideen dienen, und daß sie in diesem Dienst auch selber einen von dem Herkömmlichen abweichenden Sinn erhalten. Eben dieses aber, daß Nahliegendes und Alltägliches anders gewandt wird, anderes leistet, anders erscheint, legt Zeugnis ab für die gewaltige, bis in die Elemente dringende und auch die nächste Anschauung ergreifende Umwandlung, welche sich in dieser Philosophie vollzieht. Denn selbständig gestaltendes Wirken am Einfachen ist doch wohl das Kennzeichen echter Größe.

Was aber die Richtung anbelangt, nach welcher sich die Bilder bewegen, so ist es offenbar der Dogmatismus in seiner rationalistischen Fassung, den vornehmlich sie bewußt zum Ziel ihrer Angriffe nehmen. Der Gegensatz zum Rationalismus mag von hier aus als der vorwiegende gelten, eine Hinneigung zum Empirismus sich in der Ablehnung jenes zu verraten scheinen. Aber etwas eingehendere Erwägung muß herausstellen, daß Wahl und Entwickelung der Bilder weiteste Entfernung von allem Empirismus bekunden; man denke nur an die Feststellung der Grenzen, die Gewinnung eines aller Untersuchung vorangehenden Probiersteins, die Zerlegung in reine Elemente nach Art der Chemie, die systematische, der Idee des Organismus entsprechende Gestaltung, vor allem aber an die Aufwerfung der Rechtsfrage. In dem allen erweist sich die Vernunftthätigkeit als leitend und bestimmend. Es zeigt sich die Entfernung vom Empirismus eher größer denn kleiner als die vom Rationalismus. Mag sich diesem der Philosoph in der Art, wie er die Fragen beantwortet, entgegenstellen, die Thatsache, daß er sie überhaupt aufwirft, und die Art, wie er sie stellt, bekundet, daß ihn eine unübersteigbare Kluft von allem auch noch so verfeinerten Empirismus trennt. Sein Kritizismus ist weit eher eine innerhalb des Rationalismus im weitesten Sinne stattfindende Bewegung gegen den Dogmatismus, als eine Annäherung an den Empirismus. Wenn Kant diesen weniger hart bekämpfte, so geschah das nicht, weil er sich ihm verwandter fühlte, sondern weil empiristisches Verfahren gar nicht an das Problem langt, das Kant vorwiegend beschäftigte. Ist es richtig, daß man mit Nahestehendem am heftigsten zusammenzustoßen pflegt, so wird auch zu vermuten sein, daß wo der Kampf am gewaltigsten entbrennt, viel innere Gemeinschaft vorhanden ist. Deswegen aber wollen wir Kant dem Rationalismus (im gewöhnlichen Sinne des Wortes) nicht zu sehr annähern. Vielmehr dürfen eben die Bilder als Beweisstück der vollen Eigentümlichkeit seines Denkens gelten. Mit einer gewissen Selbständigkeit und Überzeugungskraft vermögen sie gegenüber widerstreitenden Deutungen Zeugnis abzulegen für die keinem Allgemeinbegriff sich fügende, durch und durch eigenartige echte Gestalt des großen kritischen Philosophen.

III.

Zur Charakteristik der Philosophie

Trendelenburgs.

Zur Charakteristik der Philosophie Trendelenburgs.*)

Daß sich die Gegenwart mit Trendelenburg ziemlich selten beschäftigt, ist eine unbestreitbare Thatsache: über die Gründe könnte man lange verhandeln. Einige Schuld daran trägt jedenfalls die Schwierigkeit, die Leistungen des Mannes zu einem Gesamtbilde zu vereinigen und an diesem Bilde Wesentliches und Nebensächliches, Problematisches und Angriffsfreies zu scheiden. Für solchen Zweck aber thut es vor allem not, die Philosophie Tr.s nicht als fertiges Ergebnis zu beurteilen, sondern auf dem Wege der Analyse zu den treibenden Kräften vorzudringen, die einzelnen Faktoren präzis zu charakterisieren und dann erst ihr Zusammenwirken bis zum Abschluß des Systemes zu verfolgen. An diesem Punkte möchten wir mit unserer Arbeit einsetzen; weder Darstellung noch Kritik, sondern Aufhellung des Gegenstandes ist ihr Ziel. Die Gefahren des Unternehmens verhehlen wir uns nicht. Der Weg der Analyse ist nicht zu betreten, ohne daß wir uns in das Werden und Wachsen der Grundgedanken versetzen, nicht ohne Vermutungen zu wagen, deren Bestätigung erst zu erwarten ist: Irrungen mögen hier recht nahe liegen. Aber wenn alle

---

*) Zuerst erschienen in den Philos. Monatsheften Bd. XX S. 343 ff.

Wege zu meiden wären, von denen wir uns verlaufen könnten, so wäre es geratener, die Wörter und Buchstaben der Philo= sophen zu zählen, als sich auf Sinn und Geist einzulassen. Es ist ein Anderes, der Schwierigkeiten eingedenk zu sein, ein Anderes, sich durch sie einschüchtern zu lassen.

Unsere Aufgabe verlangt namentlich, das Augenmerk auf verschiedenartige Strömungen in der Philosophie Tr.s zu richten. Nun zeigt sie keinen durchgehenderen Unterschied, als den des Systematischen und des Historischen; es ist zu ver= muten, daß an dem Verhältnis dieser Gebiete der Charakter des Ganzen zur Aufhellung gelange. Aber dies Verhältnis ist selber nicht ohne Verwicklung. Jedwedes Gebiet scheint seine Selbständigkeit zu behaupten und doch lassen sich beide nicht trennen. Die Philosophie geht nicht in die Geschichte und die Geschichte nicht in die Philosophie auf, aber es weist Philosophie zur Geschichte und Geschichte zur Philosophie. Diese Sachlage verlangt eine genaue Erörterung. Vor der= selben sei aber Eins gleich zu Anfang nachdrücklich zurückgewiesen, die Meinung, Tr.s Philosophie sei nur ein Anhängsel der geschichtlichen Forschung, er selber von einem aristotelisierenden Scholastiker nicht erheblich verschieden. Dawider bedarf es nicht sowohl einer Argumentation, als einer einfachen Ver= wahrung. Denn für die, welche Tr.s Schriften, namentlich die logischen Untersuchungen, nicht bloß vom Hörensagen kennen, ist jene Meinung durch die That widerlegt, für die Anderen aber, welche es nicht der Mühe wert erachten, in die Schriften Einsicht zu nehmen, und sich trotzdem ein Urteil zutrauen, nun, für die brauchen auch wir uns nicht zu bemühen.

Nehmen wir also unsern Standpunkt in der systemati= schen Philosophie und fragen wir, wie sich von hier die Wen= dung zur Geschichte rechtfertigt. Dabei stehe von Anfang an fest, daß diese Wendung nicht eine einfache, sondern eine zwie= fache These enthält, nämlich zuerst die Schätzung der Gesamt=

geschichte als des Inbegriffs der Vergangenheit, sodann aber die Heraushebung einer besondern, von Plato und Aristoteles anhebenden Bewegung als des Kerns des Ganzen. Das sind verschiedene Behauptungen, deren Begründung nicht völlig zusammenfallen kann. — Die allgemeine Anknüpfung an die Geschichte stützt Tr. vornehmlich auf den Gedanken, daß durch bewußte Hineinstellung des Einzelnen in die Bewegung des Ganzen mehr Kontinuität der Entwickelung, mehr Sicherheit der Arbeit zu gewinnen sei, als wenn jeder von sich aus wie neu beginnt; diese Kontinuität, diese Festigkeit aber sei unbedingt erforderlich, wenn die Philosophie im System der Wissenschaften die ihr gebührende Stellung einnehmen wolle. „Die Philosophie wird nicht eher zum Bestande gelangen, als bis sie auf dieselbe Weise wächst, wie die anderen Wissenschaften wachsen, bis sie sich stetig entwickelt, indem sie nicht in jedem Kopf neu ansetzt und wieder absetzt, sondern geschichtlich die Probleme aufnimmt und weiter führt." In solcher Erwägung mag ein unantastbarer Sinn stecken, aber die angegebene Rechtfertigung hat sich erst selbst zu rechtfertigen; so wie sie vorliegt, setzt sie mehr eine eigentümliche Auffassung der Geschichte voraus als sie dieselbe begründet, stellt sie mehr eine Aufgabe als sie eine Lösung bietet. Ist es sicher ausgemacht, daß sich die Philosophie in Einem großen Zusammenhange stetig bewegt hat? Auf welchen Standort haben wir uns zu versetzen, damit sie sich uns so darstelle? Was ist zu thun, um unsere eigne Arbeit an diesen großen Strom anzuschließen? — Wir sind demnach gezwungen, uns nach weiteren Gründen umzusehen; entdecken aber dürften wir dieselben schwerlich, ohne über die eignen Erklärungen des Philosophen hinaus zu gehen. Aber von seinem Sinne hoffen wir uns dadurch nicht zu entfernen. Eben das was unserer Denkart besonders eng verwachsen ist und uns im Schaffen bewegt, gelangt nicht leicht ins reflektierende Bewußtsein. Wir müßten oft darauf verzichten, einen Philosophen recht zu verstehen, wenn wir ihn nicht weiter verstehen wollten als sein Bewußtsein ihn versteht.

Einen Leitfaden zur Entdeckung der Gründe, auf welchen Tr.s Stellung zur Geschichte ruht, glauben wir am ehesten zu finden, indem wir fragen, an welchem Punkt der zeitgenössischen Bewegung er mit eigentümlicher These einsetzt; wenn anders wir in der Vergangenheit das suchen, was wir in der Gegenwart vermissen, so müssen sich hier die entscheidenden Motive für die Wiederaufnahme der Vorzeit enthüllen. Nun ist ohne Zweifel Tr. durch keine der philosophischen Erscheinungen seiner Umgebung innerlich mehr beschäftigt, durch keine stärker erregt als durch den spekulativen Idealismus eines Fichte, Schelling, Hegel. Ihm gegenüber wird sich seine Eigenart mit besonderer Klarheit ausprägen müssen. Aber sein Verhältnis zum Idealismus ist kein einfaches, es hat eine Seite der Anziehung, eine andere der Abstoßung. Das bekundet auch die verschiedene Stellung zu den einzelnen Persönlichkeiten. Nirgends zeigt sich Tr. abweisender als gegenüber dem System Hegels, keinem Denker aber steht er, bei aller Verschiedenheit des Tones und bei aller Abweichung der Ausführung, in den Prinzipienfragen näher als Schelling, der durch E. von Berger früh Einfluß auf ihn gewonnen hatte. Durch Vergleichung mit Schelling wird sich am ehesten ermitteln lassen inwiefern der spekulative Idealismus Tr. anzog, inwiefern er ihn abstieß.

Mit Schelling steht er zu dem gemeinsamen Unternehmen des Idealismus, das All als ein vom Geist beherrschtes Ganze zu verstehen, sowie die sich darbietenden Gegensätze nicht durch Scheidung, sondern durch die Macht einer überlegenen Einheit zu überwinden. Während ferner bei Hegel alle Mannigfaltigkeit in einen logischen Prozeß aufgehoben und alles Seiende einer spezifischen Methode unterworfen schien, fand er bei Schelling nicht nur den Gedankengehalt unabhängiger von einer systematischen Form und allbeherrschenden Methode, man könnte sagen, in größerer Unmittelbarkeit, sondern er sah hier — und das ist wohl die Hauptsache — die Gegensätze zu selbständigerer Entfaltung, zu reicherem Ausleben gelangen und auch bei Aufnahme in die Einheit des Weltprozesses ihre Eigentümlichkeit nicht völlig einbüßen. Vornehmlich behaupten die Welten der Natur und des Geistes, Ideales und Reales, Denken und Anschauung gegeneinander ihre Eigenart. Wenn das Interesse an erster Stelle auf das Ganze geht, so wird darum das Einzelne nicht geopfert, sondern es soll innerhalb einer eigentümlichen Gestaltung des Ganzen sein Recht finden. Den leitenden Gedanken oder wenigstens die Formel für diese Gestaltung giebt aber der Begriff des Lebewesens; eine „organische" Weltansicht sucht sich durchzusetzen; gern ergreift dieselbe die Analogie des Kunstwerkes, um den Weg zum Besonderen zu finden und sich faßbar darzustellen. In diesen wichtigen Punkten steht Trendelenburg Schelling viel näher als die abweichende Art der Darstellung unmittelbar verrät. Wie sehr ihn namentlich die Verbindung von Natur und Geist anzieht, bezeigt sich auch darin, daß er denjenigen Spezialgebieten seine anhaltendste Teilnahme zugewandt hat, welche an der Grenze des Sichtbaren und Unsichtbaren liegen: der Mathematik, der Sprache, dem Recht.

Aber man kann Schelling und Tr. nicht zusammenstellen, ohne sofort einen durchgreifenden Unterschied zu gewahren. Statt der kühnen, weltstürmenden Art Jenes hier ein vorsichtiges und ruhiges Walten, statt des oft rücksichtslosen Konstruierens, des Zusammendrängens in große, aber oft unvermittelte Konzeptionen, des Einsetzens einer ausgeprägten Individualität, der manchmal hinreißenden, aber nicht selten auch regellosen Diktion findet sich hier mehr Sorgfalt in der Auseinandersetzung mit dem Thatsächlichen, mehr Besinnung in dem Aufbau des Ganzen, mehr schlichte Sachlichkeit des Inhalts, mehr Einfachheit der Darstellung. Wir fühlen uns

wieder auf festem Boden. Das Streben nach Erschließung
kosmischer Zusammenhänge läßt die Grenzen menschlichen Ver=
mögens nicht vergessen; bei Natur und Geist bleibt das philo=
sophische Weltbild sowohl der schlicht menschlichen Ansicht als
den Vorstellungen der Einzelwissenschaften näher. Wenn
Schelling an Genialität und Schaffenskraft unzweifelhaft
voransteht, so ist doch Tr.s Unterschied von ihm keineswegs
so zu verstehen, als habe er etwa jenen ins Spießbürgerliche
übertragen, die Philosophie zum Standort des gemeinen Ver=
standes herabgezogen. Nein und abermals nein. Tr. vertritt
in selbständiger Weise ein wissenschaftlich und philosophisch
wertvolles Prinzip, er vertritt innerhalb der Philosophie die
universelle wissenschaftliche Methode, die durch die gemeinsame
Arbeit der Menschheit eröffneten Thatsachen, Ziele und Wert=
schätzungen; unter Verzicht auf alle Privilegien ruft er die
Philosophie zu den allgemeingültigen Gesetzen des Erkennens
zurück und sucht sie eben damit auf eine breitere und festere
Grundlage zu stellen als auf die individuelle Intuition her=
vorragender Persönlichkeiten. Was er vertritt, ist die schlichte
Wissenschaft, an der ihm freilich eben die Einfachheit groß
schien, aber es ist immer die Wissenschaft, nicht der gemeine
Verstand. Wollte er bei solchem Streben den Grundgedanken
des Idealismus behaupten, so mußte eine Sichtung des speku=
lativen Idealismus eintreten; nur das konnte als haltbar
gelten, was sich nach allgemeinen Regeln von allgemeinen
Thatsachen her begründen ließ. Das auf idealistischem
Boden eintretende Verlangen nach Thatsächlichkeit, nach fester
unbestreitbarer Thatsächlichkeit, ist es vornehmlich, was Tr.
von den spekulativen Systemen entfernt. Aber er versteht
natürlich unter Thatsache etwas anderes als der naturwissen=
schaftliche oder der theologische Positivist, etwas anderes auch
als der philosophische Empirist; er sucht nicht einzelne Daten,
um dem Gedanken zu entfliehen, sondern er hofft in freiem

Überblick des Alls durchgehende Gesamtthatsachen als Stütz=
punkte prinzipieller Überzeugungen zu gewinnen; er sucht diese
Thatsachen nicht einseitig in der Außenwelt, sondern vornehm=
lich als Geist und Natur umfassende und kraftvoll verbin=
dende Mächte, er sucht sie nicht gegen den Geist, sondern im
Geist. Für dieses Unternehmen aber war statt einer Spiege=
lung der Welt im Individuum eine Perspektive vom Stand=
ort der Menschheit zu gewinnen, das ist es, was die Wendung
zur Geschichte vollauf begründet. Indem die geschichtliche
Forschung gegenüber der Zersplitterung der Individuen die
gemeinsame Arbeit der Menschheit, gegenüber den Stimmungen
des Augenblicks die beharrende Macht der Sache vertritt,
ermöglicht sie es, das Werk mit der Weite des Blickes, der
Scheidung des Wesentlichen und des Zufälligen, der Ruhe der
Erörterung, der Unbefangenheit des Urteils zu behandeln, welche
die Aufgabe verlangt. In solchem Zusammenhange versteht es
sich, wenn an den Einzelnen die Forderung ergeht, seine Arbeit
zur Gesamtleistung der Menschheit in enge Beziehung zu setzen.

Eine derartige Begründung der Wendung zur Geschichte
enthält zugleich eine Regel für die Behandlung der Vergan=
genheit. Es darf das von der Gesamtarbeit kommende Licht
nicht durch das Medium eines sonderartigen Systems ge=
brochen, es darf nicht der Reichtum des Geschehenen von vorn
herein einer Philosophie der Geschichte eingezwängt werden,
sondern es muß sich vor allem der Thatbestand möglichst rein
mitteilen und darum der Gegenstand zunächst in einer gewissen
Ferne und Selbständigkeit gegen den Beobachter verharren:
die Geschichte ist an erster Stelle nicht spekulativ systematisch,
sondern kritisch objektiv zu behandeln. Wir meinen daher,
daß sich bei Trendelenburg die Bedeutung der unbefangenen
historischen Forschung innerhalb der Philosophie, als eines
ergänzenden Gegenstückes der Systematik, eines Mittels der
Erweiterung der Thatsächlichkeit, recht eigentlich begründet hat.

Indeß, ließe sich fragen, enthält nicht eine derartige Wendung zur Geschichte eine prinzipielle Voraussetzung, eine Voraussetzung anfechtbarer Art? Die Geschichte bietet einen größern Schauplatz der Begebenheiten, das verkennt niemand; aber ist ohne weiteres ausgemacht, daß sich diese Begebenheiten zu einem Ganzen zusammenschließen, sowie daß sie etwas für uns Wertvolles enthalten, daß sie etwas bringen und lehren, was uns die Gegenwart nicht zu gewähren vermag? Die Geschichte könnte doch ein verworrener Traum, ein wüstes Chaos sein. Unzweifelhaft enthält Tr.s Ansicht eine Voraussetzung, deren Untersuchung der Philosoph deshalb nicht überhoben ist, weil die meisten Andern sie ohne weiteres gelten lassen. Nun hat auch Tr. diese Voraussetzung nicht genügend erörtert, wohl aber durch That und Arbeit eine Antwort gegeben. Dieselbe liegt in der näheren Bestimmung der Überzeugung vom Historischen, der Zuspitzung derselben dahin, daß das Grundprinzip der Philosophie, die „organische" Weltansicht, thatsächlich schon zu Beginn der Entwickelung gefunden sei, nämlich bei Plato und Aristoteles, und daß es von hier aus als beherrschende und zusammenhaltende Macht die Gesamtarbeit der Menschheit durchwalte.

In dieser Überzeugung treffen verschiedene Gedankenreihen zusammen. Vor allem konnte Trendelenburg nicht annehmen, daß im antiken Idealismus das Problem gelöst sei, ohne der Neuzeit eine prinzipielle Eigentümlichkeit abzusprechen; dies aber war nur möglich, wenn er die in nacharistotelischer Zeit hervorgetretenen Gegensätze zwischen Denken und Sein, Mensch und Welt, Idee und Wirklichkeit nicht mächtig genug erachtete, um eine wesentliche Neugestaltung zu erzwingen. Damit zeigt sich ein weiterer Charakterzug seiner philosophischen Grundanschauung, der uns unten genauer beschäftigen wird. Ferner wirkt zu jener Schätzung wie der Alten so der Geschichte überhaupt eine besondere

Überzeugung von der Stellung der Philosophie im System der Wissenschaften. Tr. betrachtet dies System als einen Kreis, dessen Mittelpunkt die Prinzipienfragen bilden, während die Wissenschaften der Erfahrung und der Anwendung nach der Peripherie zu liegen. Je mehr sich die Fragen vom Mittelpunkt entfernen, desto mehr wächst ihre Beziehung zu den nebenliegenden Punkten, desto mehr Anknüpfungen und Verschiebungen werden möglich. Hier mag der Fortschritt der Geschichte eingreifen und die Lage verändern. Die letzten philosophischen Fragen hingegen, als solche die in dem Mittelpunkt liegen, der zwar nach allen Seiten hin Beziehungen hat, aber in sich selbst keine Unterschiede, keine Beziehungen offenbart, bleiben ihrer Natur nach sich selbst gleich; ist daher einmal das Prinzip entdeckt, so bedarf es bei aller Veränderung und Bereicherung der Erfahrung keiner Umwälzung, sondern lediglich fortschreitender Vertiefung und Klärung. Von hier erhellt, daß für die Philosophie die Geschichte besondern Wert haben kann, von hier auch, wie ihr Lauf das Bild eines ruhig fließenden Stromes zu bieten vermag. Zu bieten vermag, nicht bieten muß, denn daß die Geschichte die Wahrheit in sich trägt und weiterführt, das hängt schließlich doch allein daran, daß das richtige Prinzip thatsächlich gefunden ist. Dies aber ist für Tr. ein einfaches Faktum, das er als wirklich versicht, aber nicht als notwendig beweist. Das Fernhalten einer spekulativen Darlegung, daß es so sein müsse und nicht anders sein könne, zeigt, daß uns Tr. wohl eine philosophische Überzeugung von der Geschichte, nicht aber eine Philosophie der Geschichte bietet.

Aber noch immer harrt ein Punkt der Aufhellung. Angenommen, alles bisher Vorgetragene fände Billigung, wie erscheint es begründet, gerade dem Anfangspunkte, der platonisch-aristotelischen Philosophie, hervorragende Aufmerksamkeit zuzuwenden, von der Vertiefung darin besondere Frucht

für die Gegenwart zu erhoffen, wie dies bei Tr. thatsächlich
geschieht? Die Frage ist bei ihm nicht unerwogen geblieben.
Schon daß sich bei den Alten das Prinzip der organischen
Weltansicht in der Verkörperung ausgearbeiteter Systeme
darstellt, daß es von hier angesehen den Ausgangspunkt welt=
geschichtlicher Entwickelung bildet, in der hier gewonnenen
Form Eingang in die einzelnen Wissenschaften wie in die
allgemeinen Vorstellungen der Menschheit gefunden hat, alle
diese Vorteile der geschichtlichen Lage hatten für Tr. eine
besondere Kraft der Empfehlung. Das Auszeichnende des
Inhalts jener Systeme beruht ihm aber vornehmlich auf dem
Vorzug der ersten Gestaltung, des ursprünglichen Schaffens.
Weil die Alten ursprünglich schufen, unbeirrt durch später
unvermeidliche Verwickelungen und Reflexionen, darum konnten
sie, so meint Tr., energischer auf dem Wesentlichen der Sache
und der Einheit des Ganzen bestehen, klar und scharf sehen,
ruhig und einfach schildern, unmittelbarer mit der Sache ver=
kehren, die Wissenschaft dem Leben enger verbinden. Die
Antike bleibt dauernd wertvoll, weil sie in solchem Sinne die
Jugend unseres Geistes ist; mit dieser Jugend müssen die
Gedanken Gemeinschaft suchen, wenn sie dürr und alt gewor=
den sind, um wieder frisch und jung zu werden. Wie viel
hier gerade auch die Gegenwart gewinnen kann, das ergiebt
sich leicht aus dem, was Tr. an der vorgefundenen Lage der
Philosophie vermißte und ihr gegenüber erstrebte. Da nun
seine umsichtige und gleichmäßige Art wissenschaftlicher For=
schung mehr von Aristoteles als von Plato angezogen wurde,
so konnte sich ihm die philosophische Aufgabe der Gegenwart
geradezu so darstellen, das was Aristoteles auf dem Stand=
punkt der antiken Wissenschaft leistete, auf dem Standpunkt
der modernen Wissenschaft zu erneuern; er hoffte, Aristoteles
werde in unseren Tagen, da sich die philosophischen Bestrebungen
zerworfen hätten, ein neuer Punkt der Verständigung werden.

Innerlichkeit verschoben haben. Den Modernen erkennen wir, wenn er die Methode der Forschung eingehender erörtert und bewußter verwendet, den Modernen, wenn er die Grundformen des Geschehens auch im Subjekt aufzuweisen strebt, den durch das Christentum hindurchgegangenen Modernen endlich, wenn er den Zweck weit innerlicher versteht, wenn er nicht nur der Individualität größere Rechte gewährt, sondern auch den Begriff des Subjekts zu dem der sittlichen Persönlichkeit steigert. Aber das alles bedeutete für ihn keinen Bruch mit dem Altertum, er glaubte dem Modernen voll gerecht werden und doch den engen Zusammenhang mit der Antike wahren zu können.

Nunmehr dürfte das Verhältnis von Historischem und Systematischem, von dem wir ausgingen, keine Schwierigkeit mehr bieten. Wir fanden die scheinbare Verwickelung sich lösen, indem sich die Wendung zur Geschichte als im Interesse der unmittelbaren Denkarbeit erwies, sich zugleich aber herausstellte, daß sie nur fördern kann, sofern die Vergangenheit selbständige Aufgabe wird und ihre Thatsächlichkeit rein erschließt. Denn auch die klassischen Systeme können ihre eigentümlichen Vorzüge nur unter der Bedingung entfalten, daß sie ohne Trübung durch unsere Subjektivität zur Wirkung gelangen.

Mit dieser allgemeinen Orientierung dürfte eine Grundlage für die Würdigung sowohl der systematischen als der historischen Leistungen Tr.s gewonnen sein; prüfen wir nun, ob dieselbe der Fülle des Besondern gerecht zu werden vermag.

Worin allein beim Systeme das Neue liegen kann, ist durch die bisherige Erörterung klar. Nicht sowohl Entdeckung eines eigentümlichen Prinzips steht in Frage als vielmehr eine besondere Erfassung und Begründung der aus der menschlichen Gesamtentwickelung überkommenen Wahrheit. Aber warum könnten nicht bei Durchführung dieser Aufgabe bedeut-

Dabei verkennt Tr. nicht, daß, abgesehen von der Er=
weiterung des Stoffes und der gesteigerten Verwickelung der
Lage, sich alle Probleme nach Seite der Subjektivität und
seine Denkrichtungen sich bezeigen und machtvoll das ganze
Erkenntnisgebiet ergreifen? Erwägen wir also das Nähere.

Allgemeine Anerkennung wird u. E. besonders die Leistung
finden, welche der universellen Tendenz des Tr.schen Geistes
auf Thatsächlichkeit entsprungen ist: sein Bemühen, Gesamt=
methoden und Gesamtthatsachen aufzudecken und zu voller
Wirksamkeit zu bringen. Gesamtmethoden und Gesamttat=
sachen sagen wir, um Eigentümlichkeit und Wert der Arbeit
ins rechte Licht zu stellen. Denn Tr. hat nicht bloßer Be=
obachtung einzelne Daten entnommen, sondern er hat durch
philosophische Synthese Thatsachen erschlossen, welche eine
weite Fülle von Erscheinungen konzentrieren, Thatsachen, die
zu erkämpfen waren und deren Eröffnung zusammenschauende
Denkthätigkeit, eindringende Geistesarbeit verlangte, die aber
damit auch einen eigentümlichen Charakter erhielten, mit dem
sie Grundstock einer philosophischen Weltanschauung zu werden
vermochten. Was in dieser Hinsicht Tr. gewirkt, ist Stück
der allgemeinen wissenschaftlichen Bewegung geworden und
bleibt es, auch wenn es sich dem Bewußtsein einer Zeitspanne
verdunkeln sollte. Aber eng verbunden mit dieser Richtung
wirkt eine andere, die, wenn einmal ein Schlagwort nicht zu
entbehren ist, metaphysisch=erkenntnistheoretischer Realismus
heißen mag, ein Realismus, welcher der antiken Art näher
steht als der modernen. Hier findet sich ohne Zweifel der
angreifbarste Punkt der Philosophie Tr.s. Auch wir müssen
fragen, ob Tr. nicht die gewaltige Erschütterung, die radikale
Umwälzung, welche die Neuzeit der Philosophie durch Aus=
gehen und Aufbau vom Subjekt her gebracht, zu wenig würdigt,
ob er nicht als bloße Ausführung und Ergänzung der Antike
behandelt, was vielmehr eine völlig neue Lage geschaffen, neue

Kräfte entbunden, alles Frühere seinem unmittelbaren Bestande nach antiquiert hat. Die ungeheuren Gegensätze, welche die moderne Welt aufgedeckt hat, der einschneidende Zweifel, durch dessen Fegefeuer sie den Weg zur Wahrheit sucht, sie sind in der versöhnenden und maßvollen Ansicht Tr.s schwerlich zu genügender Machtentfaltung gekommen. Sofern die Ergebnisse seiner Philosophie an diese antikisierende Richtung gebunden sind, werden sie die moderne Welt nicht tief zu bewegen vermögen. Aber wir müssen entschieden behaupten, daß sein Wirken nicht in diese Richtung aufgeht; jene allgemeinere Bewegung zu universellen Methoden und Thatsachen mag sich oft mit ihr eng verknüpfen, aber weit entfernt, an das Spezielle gebunden zu sein, reicht sie in Tendenz wie Ausführung erheblich darüber hinaus; darum wird auch der, welcher den antikisierenden Realismus mit uns ablehnt, ihre Erfolge anerkennen müssen. Eben die von uns vertretene Scheidung beider Elemente ermöglicht es, mit vielfacher Abweichung von den Ergebnissen aufrichtige Hochachtung vor der gesamten Denkarbeit zu vereinen. Dies hat die Durchmusterung der einzelnen Gebiete zu erweisen, der wir uns nunmehr zuwenden.

Bei der Lehre vom Erkennen hat Tr. mit Kraft und Scharfsinn die Bedeutung und Fruchtbarkeit der allgemeinen Logik, eben der schlichten, einfachen Logik verfochten, die als Schullogik ziemlich geringschätzig behandelt zu werden pflegte. Er zeigt, daß in ihr mehr steckt und daß sie mehr zu leisten vermag, als die obwaltende Meinung annahm. Er geht ihrer Geschichte nach und erweist ihr Gefüge als das Werk der Jahrtausende. Er macht sie zu einer schneidigen Waffe der Polemik, vornehmlich gegenüber den Systemen, welche von ihr unabhängige Wege zu gehen versuchten. Die Kritik der Hegelschen Dialektik bildet hier den Höhepunkt. Ob sich dabei eine vollgenügende Würdigung des großartigen Systems ergiebt, bleibe dahingestellt, auch vergesse man nicht, wie viel leichter es für uns jetzt ist, die Größe Hegels bei allen Irrungen anzuerkennen, als damals, wo das Gleichgewicht der Beurteilung erst herzustellen war; für sich angesehen erscheint jene Kritik in ihrem Eingehen auf die einzelnen Elemente und Schritte der Gedankenbewegung, sowie in der Energie, mit der sie alle Lehren vor das Gericht der allgemeinen Denkgesetze zieht und hier Punkt für Punkt auf Einstimmigkeit, Zusammenhang und Begründung prüft, als eine der glänzendsten Leistungen der Streitlitteratur, sie gehört zu den seltenen Beispielen, wo die Polemik unmittelbar in den Stand der Sache eingegriffen, die Lage thatsächlich verändert hat. Denn das ist auch nach Zeugnissen der Gegner in diesem Fall geschehen.

Das logische System hat Tr. gefördert, indem er die charakteristische Eigentümlichkeit der Grundprozesse zu genauer Erfassung zu bringen suchte und diese Eigentümlichkeit gegenüber Theorieen vertrat, welche das logische Geschehen auf bloße Zusammenfügung und Trennung einzelner Elemente zurückführten. Ferner macht er durch Auseinandersetzung und Beispiel klar, wie beim Erkennen jeder einzelne Vorgang an andere und an die Gesamtbewegung gebunden ist, wie das Mannigfaltige in wechselseitige fruchtbare Beziehung tritt. In engem Zusammenhange damit giebt er der Logik einen kräftigen Antrieb zur Methodenlehre. Er entwickelt, unterstützt durch ein in hohem Grade ausgedehntes Wissen, was die einzelnen Operationen, wie z. B. das Experiment, die Hypothese, der indirekte Beweis, innerhalb des Ganzen der Wissenschaft bedeuten, er zeigt die stillwirkende Macht logischer Arbeit in den einzelnen Wissenschaften. Es gelte, so meint er, die logischen Grundbegriffe aus der einsamen Abstraktion ihrer philosophischen Geburtsstätte mitten in den Schauplatz ihrer Thätigkeit, in das konkrete Leben der Wissenschaft, zu verfolgen. Dadurch werde die Logik in sich selbst bedeutsamer und nach außen hin fruchtbarer werden. In Ausführung dieses Gedankens hat Tr. nicht nur die Erläuterungen zu den Elementen der aristotelischen Logik verfaßt und im Naturrecht ein besonderes Kapitel der Logik des Rechts gewidmet, sondern er hat durch alle seine Untersuchungen den Gesichtspunkt der Logik energisch festgehalten, er hat überall sich wie dem Leser über die logische Seite des Denkverfahrens sorgfältige Rechenschaft gegeben. Wenn sich auf dem Gebiet der Methodenlehre jetzt eine kraftvolle und fruchtbare Thätigkeit findet, so darf, bei aller Anerkennung der weiter gemachten Fortschritte, Tr.s Verdienst um solche Entwicklung nicht vergessen werden. Er hat durch Lehre und That die schlichte, einfache Logik wieder als wissenschaftliche Macht zu Ehren gebracht. Diese Leistung ist von dem antikisierenden Realismus ihrem Kern nach durchaus unabhängig.

Dagegen stehen die Beziehungen der Logik zur Metaphysik augenscheinlich unter dem Einfluß jenes Realismus. Wenn Tr. die Grundfragen der Metaphysik so formuliert, wie das Denken zum Sein komme, und wie die Formen des Denkens den Formen des Seins zu entsprechen vermögen, so nimmt er offenbar sowohl ein vom Denken unabhängiges Sein, also zwei Welten, wie selbstverständlich an, als er glaubt einen Zusammenhang dieser beiden Welten herstellen zu können. Wer an diesem entscheidenden Punkte abweicht, der muß die enge Verknüpfung, in welche Tr. Logik und Metaphysik bringt, ablehnen, der wird im Besondern seine Art, den Streit über Objektivität oder Subjektivität der Anschauungs- und Denkformen, wie Zeit, Raum, Bewegung, Kategorieen, damit zu schlichten, sie seien sowohl objektiv als subjektiv, sich nicht anzueignen vermögen. In die logischen Lehren, selbst in die Elemente der aristotelischen Logik, fließt so ein bestreitbarer metaphysischer Realismus ein. Indem derselbe seine Machtwirkung über die Denk- und Erkenntnislehre ausbreitet, werden Bestrebungen, deren allgemeiner Sinn weiter Zustimmung sicher sein dürfte, durch Verschmelzung mit problematischen Thesen selber problematisch. Tr. tritt z. B. mit überzeugender Kraft dafür ein, daß die Vorgänge des Denkens und Erkennens ohne stete Hinsicht auf den Inhalt des Gedachten nicht zu verstehen sind. Aber dieses Gegenständliche, welches lediglich innerhalb des Denkprozesses liegen dürfte, tritt ihm als selbständiges Sein darüber hinaus; mit der Notwendigkeit der Beziehung auf ein Gegenständliches glaubt er eine vom Denken unabhängige Welt erwiesen zu haben. Mit nicht geringerer Überzeugungskraft ist Tr. dawider eingetreten, die Erkenntnislehre zur Grunddisziplin der Philosophie zu machen, die Methode der Forschung, statt vom Gegenstande her, durch bloße Reflexion im voraus begründen zu wollen; er hat dargethan, daß auch die Systeme, welche ihrer Absicht nach die Methode voranstellen, thatsächlich durch eine prinzipielle Überzeugung von der Sache beherrscht sind. Aber indem er die in der Neuzeit eröffnete Kluft zwischen Denken und Sein bald glaubte überbrücken und dann die Forschung unmittelbar auf den Gegenstand richten zu können, hat er die Notwendigkeit, Begriff und Recht der Sache erst zu erweisen und dem Subjekt den Weg zu ihr zu bahnen, nicht voll zur Geltung gebracht und daher der Erkenntnislehre nicht die Stellung gegeben, welche ihr im modernen Wissensganzen u. E. gebührt. Es hängt eng damit zusammen, daß bei der Analyse die Sonderung der einzelnen Daten und Gebiete nicht mit der Schärfe durchgeführt und mit der Hartnäckigkeit festgehalten ist, welche den höchsten Anforderungen spezifisch moderner Denkweise entspräche, so sehr hier Tr. den spekulativen Idealisten voransteht. Aber seine Stärke liegt in der Beziehung alles Einzelnen auf das Ganze, und es tritt die Gefahr ein, diese Beziehung zu rasch, zu unmittelbar herstellen zu wollen. So dürfte z. B. die Logik mit der Grammatik, die Rechtsphilosophie mit der Ethik hier zu eng verschwistert sein, als daß jedes seine Sonderart genügend entwickeln könnte.

Auch auf den Inhalt des Systemes hat bei der Kraft, mit der Tr. einmal ergriffene Prinzipien in den Stoff verarbeitete, der antikisierende Realismus einen tiefgehenden Einfluß ausgeübt, aber wenn infolgedessen die spezifische Gestalt, in welcher die Ergebnisse vorliegen, manche Bedenken findet, so sollte das die Schätzung der allgemeineren Bewegungen und Leistungen nicht beeinträchtigen.

Dies gilt vornehmlich von den beiden Stammbegriffen Bewegung und Zweck, den Grundpfeilern des Tr.'schen Gedankenbaues. Wenn Tr. eine eigenthümliche Theorie der sog. konstruktiven Bewegung aufstellt, wenn er die Bewegung, sofern sie sowohl Kraft des Denkens als Bildnerin des Daseins sei, innere und äußere Welt durchdringen und vermitteln läßt, so mögen dagegen gewichtige Zweifel aufsteigen. Ist die Bewegung wirklich an zwei Stellen gegeben und könnte sie das sein ohne hier und dort einen völlig verschiedenen Sinn anzunehmen? Aber aller Vorbehalt des Urteils über die metaphysische Zuspitzung des Problems kann Tr.'s allgemeine Verdienste um den Begriff der Bewegung nicht mindern. Wie scharfsinnig erweist er die Bewegung als ein nicht weiter aufzulösendes Grundgeschehen, wie eindringend erörtert er den Inhalt des Begriffes, wie umsichtig zeigt er seine Bedeutung im Ganzen der Erkenntnis. Hier, wie bei Zeit und Raum, ist er mit überlegenem Scharfsinn für die Ursprünglichkeit der Anschauungsformen gegen eine Ableitung aus Denkoperationen aufgetreten und hat gezeigt, wie die Versuche solcher Ableitung das zu Erweisende vorauszusetzen und versteckt einzuführen pflegen.

In ähnlicher Weise verficht er beim Zweck das Recht einer Grundthatsache. Auch hier kann die metaphysische Seite der Begründung auf Widerspruch stoßen. Aber alle unbe=

fangene Beurteilung wird anzuerkennen haben, mit wie umfassendem Blick und wie eindringender Zergliederung Tr. den Zweck im Reich des Geistes und der Natur aufweist, seinen mannigfachen Verzweigungen nachgeht und gerade beim Kleinen und Elementaren sein Mitwirken als unentbehrlich darthut. Dabei entfernt er aus dem Begriffe das bloß Anthropomorphe der Beziehung auf unser Wohl und Wehe und besteht nur auf dem Gedanken einer wesentlichen und innern Beherrschung des Mannigfachen durch eine Einheit. In diesem Sinne durchdringt der Zweck nicht nur, weit über reflektierende Erwägung hinaus, alles menschliche Handeln, sondern auch die Formen unseres Erkennens erweisen sich bei genauerem Zusehen als durch ihn beherrscht, wichtige Kategorieen entspringen ihm und selbst bei den elementarsten logischen Funktionen ist seiner Beihilfe nicht zu entraten. Nicht minder verbreitet, wennschon schwerer faßlich, ist der Zweck in der Natur. Ohne ihn bleibt das Gebiet des Lebendigen verschlossen; aller hier um ihn entbrannter Streit betrifft nicht sowohl die Frage, ob er überhaupt, sondern vielmehr die, an welcher Stelle und in welchem Sinne er anzunehmen sei. Auch Darwin's Lehre scheint Tr. den Zweck nicht beseitigt, sondern nur verlegt zu haben. Eben die allgemeinsten Thatsachen des Lebens, die „strenge Unterordnung der Funktionen, die kräftige Selbsterhaltung, die geheimnisvolle Fortpflanzung", sie sind ihm Beweise für die Existenz hypermechanischer Ursachen. Mit dem Allen hält er für erwiesen, daß den Zweck nicht das menschliche Auge von sich in die Dinge hineinsieht, sondern daß sich in ihm das Weltgeschehen uns in ursprünglicher, wenn auch durch die Wissenschaft erst zu klärender Weise erschließt. Diese Erörterung des Zweckes verdient jedenfalls sorgfältigste Würdigung, sie hat auch über den Kreis der Fachphilosophie hinaus die Anerkennung hervorragender Forscher erhalten (s. z. B. Jhering: Der Zweck im Recht. I. 2. Aufl. Vorr. VIII).

der Philosophie Trendelenburgs. 135

Wenn demnach der Zweck als allwaltender Begriff Eckstein einer im Realen begründeten idealen Weltanschauung wird, jener Weltansicht, welche Tr. die organische nennt, so bestimmt sich von ihm her auch die Stellung des Menschen zur Welt. Der Mensch teilt den Zweck mit allem Seienden, aber derselbe steigert sich bei ihm zur selbsterkannten und selbstgewollten Macht. Aus dem Organischen als dem Gemeinsamen geht durch den artbildenden Unterschied des Menschlichen das Ethische als ein Organisches höherer Ordnung hervor. Daraus begründet sich eine eigentümliche Stellung des Menschen zur Welt. Indem der Inhalt seines Daseins als Vollendung und Befreiung des im All Angelegten erscheint, bleibt er dem Zusammenhange und den Gesetzen des Ganzen unterworfen, aber er büßt darüber eine selbständige Bedeutung nicht ein. Dem entsprechend sucht Tr. einen Weg zwischen den Systemen, welche die Welt ohne weiteres vom Menschen aus deuten, in alles Geschehen Menschliches hineintragend, und denen, welche alles als nebensächlich, ja ersonnen behandeln, was sich beim Menschen eigentümlich findet. Er hofft in dem menschlichen Kreise Weltgedanken zu entdecken und das Dunkel des Weltgeschehens vom wissenschaftlich erschlossenen Menschenwesen aus erhellen zu können. — Dieses Streben muß aller Ansicht vom Geistesleben einen charakteristischen Stempel aufdrücken; es muß ihr die Richtung auf das Weite und Freie geben, ohne daß dabei auf eigentümlichen Gehalt und eigentümliche Kraft verzichtet wird.

In solchem Sinne hat Tr. die einzelnen Gebiete des Geisteslebens durchforscht, Recht und Moral, Kunst und Religion. Daß ihm die Vielgeschäftigkeit seines Lebens nicht vergönnte, die fundamentalen Disziplinen der Psychologie und der Ethik, wie er es plante, zur systematischen Darstellung zu bringen, das beklagen wir als einen Verlust für die Wissenschaft. So sind die eigentlichen Prinzipienfragen nicht zu

voller Entfaltung gelangt. Wie die Anschauung des Geistes=
lebens jetzt vorliegt, mögen von seiten der philosophischen
Kritik sich vornemlich in der Richtung dagegen Bedenken er=
heben, ob die seit Aristoteles eröffneten Gegensätze innerhalb des
Geisteslebens, ob die aus der Stellung des Individuums zur
Gesellschaft, sowie aus dem Verhältnis von Innenwelt und
Außenwelt erwachsenen Probleme hinreichende Würdigung ge=
funden haben. Namentlich bei der Rechtsphilosophie läßt sich
fragen, ob sie nicht mehr der antiken als der modernen Über=
zeugung entspreche, und ob sie nicht in dem Streben, den Zu=
sammenhang zwischen Moral und Recht zu wahren, der eigen=
artigen und ausschließenden Natur des letztern zu wenig
Geltung verschaffe. Die Stärke aller Erörterung der Geistes=
probleme finden wir vornehmlich in der intuitiven Erfassung
des Gebietes als eines zusammenhängenden Ganzen, in der
edlen, ernsten und klaren Weise, in der alles Besondere diesem
Ganzen eingefügt, aus den bewegenden Kräften verstanden und
auf wesentliche Ziele gerichtet wird. Eine lautere und echte
Gesinnung kommt hier in durchsichtiger Form zum Ausdruck.
So erfreuen wir uns im Besondern Tr.s Erörterungen über
die Willensfreiheit, so seiner meist an einzelne Kunstwerke an=
knüpfenden ästhetischen Reflexion, so der zugleich tiefen und
freien Art, mit der er die Wendung zur Religion aus den
allgemeinen Aufgaben des Geisteslebens begründet. Insofern
aber alle besondere Leistung und Richtung auf die Grund=
einheit persönlichen Lebens und die von ihr getragene Gesin=
nung bezogen wird, gestaltet sich der Charakter des Ganzen
als ein ethischer, ethisch nicht in dem Sinne aufdringlicher
Paränese, sondern ruhig fester, im Sachlichen wurzelnder
Überzeugung. Auch hier wird die Angelegenheit durchgehend
nicht als Sache subjektiver Ansicht und Folgerung behandelt,
sondern als Eröffnung und Aneignung einer in den Weltver=
hältnissen begründeten Thatsache. Wird diese Seite der In=

tuition in den modernen Systemen über den Versuchen der Deutung nicht oft unbillig zurückgestellt und darf die praktische Philosophie diese Aufgabe deshalb gering schätzen, weil sie darauf bestehen muß, daß außer ihr noch andere zu erfüllen sind?

Indem wir die letzte Zusammenfassung dem Schluß vorbehalten, mag zunächst noch ein Blick auf die Leistungen des historischen Gebietes gestattet sein. Entsprechend den beiden philosophischen Strömungen unterschieden wir hier eine allgemeinere Richtung auf das Geschichtliche von der besondern, welche die organische Weltanschauung in aristotelischer Form als Kern des Geschehens aufzudecken strebt. Beider Entwicklung ist nun in kurzem zu verfolgen. Im Hinblick auf Jenes könnte man Tr. einen kritischen, hinsichtlich Dieses ihn einen philosophischen Historiker nennen. Die Bedeutung der kritisch historischen Leistung Tr.s steht außer allem Zweifel. Er hat in hervorragender Weise dahin gewirkt, die exakte Methode in der historischen Erforschung der Philosophie einzubürgern, wo sie bei der Schwierigkeit, scheinbar durcheinander wogende Gedankenmassen in sachgemäßer Weise zu einem Ganzen zu verbinden, und bei der Gefahr, subjektive Meinungen und Deutungen dem Thatbestand einzumengen, besondere Aufgaben findet. Mit großer Energie bringt Tr. darauf, vor allem Andern diesen Thatbestand seiner unverfälschten Beschaffenheit nach, auch mit allen etwaigen Lücken und Widersprüchen, herauszustellen. „Ohne die Sorgfalt für den Thatbestand giebt es kein Recht zum Urteil. Es ist die erste Pflicht des Forschers, das Geschichtliche in seiner Eigentümlichkeit zu erkennen, und die Erfüllung dieser ersten bedingt die zweite, was geleistet und was nicht geleistet, darzuthun." Indem er es ablehnt, einer gefälligen Darstellung zu Liebe die Systeme abzurunden und von den Denkern eingeschlagene Bahnen über den thatsächlich erreichten Endpunkt hinaus zu verfolgen, bietet er vielmehr alle Hilfsmittel der Methode auf, um ein treues Bild der Denker aus der Lage der Zeit zu geben und dasselbe auch in den einzelnen Zügen mit peinlicher Gewissenhaftigkeit auszuführen. Bei solchem Streben treten Philosophie und Philologie in enge Verbindung, in eine Verbindung, die besonders glänzende Erfolge in der Rekonstruktion des klassischen Altertums, vornehmlich des Aristoteles, erzielt. Eröffnete Tr. schon in seiner Erstlingsschrift (Platonis de ideis et numeris doctrina ex Aristotele illustrata) der Forschung eine an Ergebnissen reiche Bahn, so ist der Höhepunkt seiner hierhergehörigen Leistungen, die Ausgabe der aristotelischen Psychologie, in der aristotelischen Litteratur, um einen Ausdruck von Bonitz aufzunehmen, von epochemachender Bedeutung. Es ist dieses Werk mustergültig darin, Aristoteles aus Aristoteles zu verstehen, den ganzen Umfang seiner Philosophie, die Eigenart seines Sprachgebrauches, alle Hilfen der Tradition für eine präzise Erfassung des Gegenstandes samt seinen Bedingungen und Umgebungen aufzubieten. Die Vorzüge aber, welche diese Leistung besonders anschaulich aufweist, finden wir von Tr. überall bekundet, wo er sich der Ermittelung eines historischen Thatbestandes zuwendet; hier giebt es für ihn kein Kleines, kein Nebensächliches, sondern Alles steht unter der Wacht gleichmäßig strenger Sorgfalt.

Von dieser kritisch objektiven Behandlung der Geschichte ist aber Tr. zu einer philosophischen Schätzung und Aneignung der Vergangenheit fortgegangen. Damit tritt ohne Zweifel ein subjektives Element in die Forschung ein. Aber das begründet an sich keinen Vorwurf. Wollen wir nicht alle einzelnen Erscheinungen gleichwertig nebeneinander stellen und auf jede Verbindung zum Ganzen, jede Erhebung der Erscheinung zur Thatsache verzichten, so sind leitende Gedanken unentbehrlich; nur das steht in Frage, ob wir dieselben den abgeblaßten, aber als selbstverständlich auftretenden Meinungen der Zeit oder philosophischer Besinnung entnehmen mögen. Denn was heute die Menge als Objektivität preist, ist meist nichts anders als die bequeme Art, den Gegenstand teils ohne alle Gedanken, teils aus den verschliffenen Vorstellungen einer Durchschnittsmeinung zu sehen. Tr.s Natur ist zu charaktervoll ausgeprägt, um das zu vermögen. Er setzt seine Subjektivität ein und er übernimmt damit natürlich die Gefahren, welche das Wagnis bringt.

Es lagen aber die Gefahren der ihm eigentümlichen Richtung vornehmlich darin, daß das Bestehen auf der organischen Weltansicht als dem Kern der geschichtlichen Bewegung sowohl das Gleichmaß der Beobachtung als die Unbefangenheit der Untersuchung beeinträchtigen konnte. Da jene Weltansicht bei Tr. in spezifisch antiker Fassung wirkte, so gelangt das entgegenstehende Moderne nicht zur vollen Würdigung. Wie wir ihn weit mehr darauf bedacht sehen, die fortdauernde Macht des Alten im Neuen zu zeigen, als die Eigentümlichkeit des Neuen aufzuhellen, so wird seine Behandlung der Denker um so bestreitbarer, je mehr dieselben die spezifisch moderne Richtung vertreten. Während Tr. sich in Leibniz gern vertieft und seine Gedanken nacherlebt, stehen ihm Descartes und Kant wie fremdartig gegenüber. Jener tritt überhaupt nicht sehr hervor, dieser wird fortwährend herangezogen aber trotz früher und anhaltender Beschäftigung mit ihm und bei aller Hochschätzung seiner gewaltigen Denkarbeit ist Tr. nie in ein innigeres Verhältnis zu ihm getreten. Eine zutreffende Würdigung der Nothwendigkeit der Vernunftkritik, der Bedeutung des transzendentalen Idealismus, hat er nicht gefunden; erschien doch seinem Realismus derselbe als bloßer Subjektivismus, als gespenstischer „Eidolismus". So begreift sich, wie die gegenwärtige Rückkehr zu Kant eine Abwendung von Tr. bewirken mußte.

Aber auch die Behandlung der so hoch geschätzten Antike

bleibt nicht ohne Gefährdung. Die Heraushebung der organischen Ansicht als einer die Zeiten umspannenden Macht konnte dahin wirken, die spezifische Beschaffenheit der alten Philosophie, die charakteristische Ausprägung mit ihrer zeitlichen Bedingtheit und Beschränktheit zu Gunsten einer allgemeinern begrifflichen Fassung abzuschleifen. So muß im Besondern hinsichtlich des Aristoteles bei allem Respekt vor der gelehrten Leistung. Tr.s gefragt werden, ob er ihn begrifflich nicht zu sehr den Spätern annähere. Sollte er ihn nicht bei der philosophischen Erklärung manchmal zu innerlich gewandt, zu weit ins Prinzipielle gedeutet, zu sehr mit bewußter Erwägung ausgestattet haben? Verkennen wir im Interesse der Wahrheit diese Gefahren nicht, lassen uns aber durch sie nicht den Blick verdunkeln für die mächtige Anregung und fördernde Wegweisung, welche bei Tr. die philosophische Überzeugung der geschichtlichen Forschung gebracht hat.

Die Überzeugung, in der Geschichte die Wahrheit als durchgehende und verkörperte Macht zu finden, mußte wie als allgemeiner Antrieb, in ihre Zusammenhänge einzudringen, so als Aufforderung wirken, die einzelnen Phasen in enge gegenseitige Beziehung zu setzen und zu einer weltgeschichtlichen Gesamtbewegung zu vereinigen. Sie gab der gesamten Forschung einen Zug ins große und einheitliche. Es muß im besondern Tr. außerordentlich viel daran liegen, den Gedanken der Stetigkeit der Entwicklung nicht bloß in allgemeiner Lehre aufzustellen, sondern ihn auch in exakter Forschung durchzuführen. Eine derartige Durchführung scheint aber möglich bei der Geschichte der Begriffe und Termini, jener elementaren Werkzeuge des philosophischen Denkens. Hier ist in Wahrheit ein enger Zusammenhang der Zeiten und Völker vorhanden, der alles Besondere fördernd ineinander greifen läßt; von hier aus giebt sich die philosophische Arbeit als gemeinsames Werk der Menschheit, in welchem der Einzelne nur den überlieferten Faden weiterführt, ohne Anschluß an das Ganze gar nichts vermag. Dieses System der Begriffe und Termini wird aber unzweifelhaft von Aristoteles beherrscht, man kann nirgends in dasselbe tiefer eindringen ohne auf seine begründende und fortwirkende Leistung zu stoßen. Namentlich in dem, was die Philosophie dem allgemeinen Begriffsschatz der Menschheit zugeführt hat, in den fundamentalen Stammbegriffen, kann eine Erleuchtung der geschichtlichen Arbeit von keinem andern als von Aristoteles her erfolgen. Daher konnte sich hier der Tr.sche Gedanke der Stetigkeit philosophischer Arbeit entwickeln und fruchtbar erweisen. — Nun bliebe allerdings zu prüfen, wieviel dieser Zusammenhang der Begriffe bedeutet, und ob der Kontinuität der Mittel und Werkzeuge auch eine Kontinuität des Inhalts der Gedankenbewegung entspricht, jedenfalls besteht Tr.s Verdienst, durch Wort und Werk der Forschung ein großes Gebiet erschlossen und ihm Interesse wie Arbeit zugeführt zu haben.

Nach einer andern Seite hin zeigt sich die Berührung mit der Philosophie für die Geschichte fruchtbar, indem Tr. an einzelnen großen Problemen durch Vergleichung des Verschiedenartigen die Eigentümlichkeit der Richtungen aufdeckt oder auch eine wichtige Frage durch die Gesamtgeschichte verfolgt, wie dies bei der Kategorieenlehre geschehen ist. Solche Vergleichungen und Durchschnitte sollen seiner Absicht nach dahin wirken, daß die Geschichte aufhöre bloße Vergangenheit zu sein, daß die historischen Untersuchungen „von der breiten Basis der Vergangenheit die Spitze in die Gegenwart erheben." In Ausführung dieses Strebens zeigt er besondere Stärke darin, die einzelnen Leistungen auf das Ganze der intellektuellen Persönlichkeit zu beziehen und sie von daher zu charakterisieren. Wie er aber darauf bringt am Einzelnen die Züge des Ganzen zu erfassen, so treibt es ihn vom Ganzen zur Bewährung und Veranschaulichung im Einzelnen. Infolgedessen haben alle historischen Zeichnungen Tr.s etwas Lebendiges; die Männer, in deren Gedankenwelt er uns führt, stehen nicht bloß als Träger abstrakter Gedankenmassen, sondern als eigenartige Persönlichkeiten strebend und kämpfend vor unseren Augen. Solche charakterisierende Behandlung der Geschichte ergiebt eine enge Verbindung des Philosophischen und des Menschlichen, wie das dem Sinne Tr.s entspricht.

Werfen wir nunmehr einen Blick zurück. Unsere Auffassung wird vornehmlich von dem Gedanken getragen, daß bei Tr.s systematischer und historischer Leistung zwei Strömungen zusammenwirken, die gesondert betrachtet werden müssen, damit eine präzise Auffassung und zutreffende Beurteilung möglich werde. Die Richtung auf Entwicklung universeller, vornehmlich geistiger Thatsächlichkeit schien uns gegen Zweifel in erheblich höherm Grade geschützt. Wir überzeugten uns, daß solches Streben nicht ein unbestimmter Drang blieb, sondern daß es sich in festen Gestaltungen verkörperte. Und zwar lagen diese Gestaltungen an überaus wichtigen Punkten des Denkganzen. Wenn Tr. der schlichten, einfachen Logik nach Inhalt und Machtentfaltung zu ihrem Rechte verhilft wenn er philosophische und philologische Methode zu fruchtbarer Durchdringung einigt, wenn er die Bedeutung der Bewegung und des Zweckes als durchgehender Thatsachen aufdeckt und in gleichem Sinne die ethische Grundidee des Geisteslebens entwickelt, wenn er endlich die Erscheinungen des geschichtlichen Daseins zu eigentümlichen Komplexen zusammenfaßt, so bekundet sich zur Genüge, daß in seinem Lebenswerke nicht bloßes Meinen und Mögen, sondern ein reicher Arbeitsertrag vorliegt, sowie auch, daß alle Verschiedenheit der Gebiete ein gemeinsames Ziel philosophischer Überzeugung kräftig umspannt. Die Bedeutung des Ganzen könnte vielleicht Einer bestreiten, der nur auf das fertige Endergebnis sähe, und der von dem einzelnen Philosophen die glatte Lösung der großen Probleme verlangte, als handle es sich um ein Rechenexempel; wer aber auf die Arbeit und Bewegung selber eingeht, wer dabei gemäß Tr.s eigenem Verlangen die Frage dahin richtet, wie der Einzelne im Zusammenhange der Geistes=arbeit stehe und ob er demselben Dienste erwiesen habe, der wird die reiche und fruchtbare Lebensarbeit, die sich hier vor uns ausbreitet, mit Anerkennung und Hochachtung betrachten.

Dieser Respekt muß sich steigern, wenn wir uns die Art vergegenwärtigen, in der Tr. seine Überzeugungen entfaltete, und die Zeitverhältnisse, in denen er wirkte. Seine Art ist es nicht, Gedanken flüchtig hinzuwerfen und nebelhafte Aus=sichten zu eröffnen, sondern was er ergreift, das bildet er kraftvoll bis zu klarer Gestalt durch; da findet sich nichts Schillerndes, Weichliches, keine eitle Selbstbespiegelung, sondern durchgängig Ächtheit, männliche Festigkeit und charaktervolle Sachlichkeit. Der Eindruck dieser Eigenschaften wie die Schätz=ung der Gesamtleistung wird gehoben durch die Art, wie Tr. seine Überzeugung in der Zeit und ihr gegenüber ver=fochten hat. Zuerst hatte er sich innerhalb der Wissenschaft eine Stellung in hartem Kampfe zu erstreiten, dann mußte er in einer Periode der Abwendung von der Philosophie ihr Recht gegen die Verächter zur Rechten und zur Linken wahren und für die Arbeit an ihr Teilnahme werben; als endlich neue Bewegungen anhoben, schlugen sie Wege ein, die er nur teilweise billigen konnte. Er hat sich dem allen gegenüber nicht etwa bloß zuschauend und räsonnierend verhalten, sondern er hat überall den Kampf für das, was ihm für Wahrheit galt, mutig aufgenommen, er ist aus dem Kampf sein Leben lang nicht herausgekommen. Die Stellung, welche er in diesen Kämpfen einnahm, wird je nach den Überzeugungen verschie=dene Beurteilung finden; daß er der Sache nutzen wollte, daß er sich allezeit kräftig und tapfer erwies, das könnte auch der Gegner zugestehen.

Verbinden wir in letztem Abschluß die Gesamtheit der Leistungen mit der Einheit persönlichen Lebens, so erweist sich der allgemeinste Charakter alles Thuns als ein erziehender, ein ethisch erziehender. Alle besondere Sachleistung steht da wie ein Vorwurf und Mittel, allgemein geistige Kräfte zu wecken, ein einheitliches Lebensziel zu fördern. In den besonderen Aufgaben der Wissenschaft sieht und schätzt Tr. die rein menschliche Bethätigung. Indem er überall darauf bringt, subjektive Neigung und Bewegung den Gesetzen der Sache zu unterwerfen, erscheint Gesinnung als untrennbarer Bestandteil der Arbeit.

Gleichen Geistes hat Tr. seine Überzeugung auch in persönlicher Lehre vertreten und damit auf weite Kreise heranbildend und läuternd gewirkt. — Alles dies sichert ihm ein ehrenvolles Andenken in Philosophie und Wissenschaft. Es wäre kein günstiges Zeichen für die Forschung der Gegenwart, wenn sie das als gering erachtete, worin sie von Trendelenburg lernen kann.

IV.

Parteien und Parteinamen in der Philosophie.

1. Bildung und Wirkung der Parteien.*)

> Πᾶσιν ἡμῖν τοῦτο σύνηθες,
> μὴ πρὸς τὸ πρᾶγμα ποιεῖσθαι
> τὴν ζήτησιν ἀλλὰ πρὸς τὸν τἀ-
> ναντία λέγοντα.
> Aristoteles.

Die Geschichte der Philosophie zeigt nicht nur Schulen, als Anhang einzelner hervorragender Persönlichkeiten, nicht nur Sekten, als von der Gesamtbewegung sich loslösende Abzweigungen, nicht auch bloß verschiedene Richtungen und Typen des Denkens, die ohne Kampf nebeneinander hergehen, sondern wir finden auch solche Spaltungen, welche nicht wohl anders als Parteien benannt werden können. Denn da müssen wir wohl von Parteien und Parteikampf sprechen, wo sich eine über persönliche Verhältnisse hinausgehende Entzweiung bildet, deren Glieder jedes für sich Anspruch auf das Ganze erheben, die ihr Eigentümliches in einer These, in einem Konzentrationspunkte zusammenfassen und an diesem Punkte in harten Kampf um das Dasein geraten, in einen Kampf, der das ganze Gebiet des Wissens in seine Unruhe hinein-

---

*) Mit dem folgenden Aufsatz zuerst veröffentlicht in den Philosophischen Monatsheften Bd. XX. (1884).

zuzuziehen vermag. Wesentlich ist dabei auch dieses, daß jede Seite einen — größern oder kleinern — Kreis von Anhängern gewinnt, und daß eine Vereinigung vieler zur Gesamtwirkung und zum Kampfe stattfindet. Eine derartige Entzweiung kann innerhalb der Philosophie größere und kleinere Gebiete umfassen; unser Interesse gehört vornehmlich den Fällen, wo Scheidung und Streit sich ideell über das Ganze erstrecken. Nicht logische, ethische oder metaphysische, sondern allgemeinphilosophische Parteien sind es, denen wir unsere Aufmerksamkeit zuwenden.

Zeigt uns nun die Geschichte der Philosophie das Bild eines fortwährenden Streites? Dem scheint nicht so. Es sind nur einzelne Epochen, wo der Kampf wirklich entflammt; dazwischen liegen Zeiten, wo Verschiedenartiges sich nebeneinander duldet oder gar alle Gegensätzlichkeit erloschen dünkt. Aber trotzdem müssen wir behaupten, daß Bildung und gegenseitige Bekämpfung der Parteien, daß die Thatsache der Parteiung ein Phänomen von universeller Ausdehnung ist. Parteiung und philosophische Thätigkeit erscheinen durchgehend als eng verbunden, die Grade jener entsprechen der verschiedenen Stärke der philosophischen Bewegung. Wo energisches Leben, da findet sich kräftige Ausprägung und harter Zusammenstoß von Gegensätzen; wo rascher Fluß vorwärts eilender Erkenntnis, da viel Bewegung und Wandlung der Parteien; während es einen unerfreulichen Stand der Dinge anzeigt, wenn gar keine Sammlung der Einzelkräfte zur Verfechtung gemeinsamer Überzeugungen stattfindet oder aber fest gewordene Spaltungen sich träge fortschleppen. Der Kampf an den Höhe- und Wendepunkten beherrscht aber in seinen Folgen das Ganze. Mag der Streit enden, es bleibt der Gegensatz; die einmal erkannte Differenz kann dem Bewußtsein nicht wieder entschwinden; nicht Friede, nur Waffenstillstand ist hergestellt, wenn nicht — was das seltenere — das Problem

Bildung und Wirkung der Parteien. 149

völlig erlischt. So bleibt es richtig, daß die Wirkung des Kampfes und der Parteiung virtuell das Ganze umfaßt, daß die Parteiung etwas bedeutet, was bei der Gesamtbewegung der Philosophie in Anschlag zu bringen ist.

Das thatsächliche Eintreten von Parteiung und Kampf aber gewahren wir unter den verschiedensten Umständen; bleibende Triebkräfte scheinen immer neue Gestalten zu erzeugen. Wo sich ein Neues aufarbeitet, da muß es dem im Besitz befindlichen Alten entgegentreten; entbrennt zwischen ihnen Streit, so wird durch die bloße Thatsache desselben das Frühere aus seiner Sicherheit herausgerissen, es verengt sich zur Parteisache, und es hat sich des gegnerischen Strebens zu erwehren, zu einer bloßen Sekte, einem überwundenen Standpunkt herabgesetzt zu werden, nach der Art, wie auf religiösem Gebiet der neue Glaube den alten aus dem Besitz treibt und zum Aberglauben herabsetzt. Aber das siegreiche Neue entgeht nicht lange der Spaltung. Bald finden sich auf neuem Boden alte Gegensätze, wenn auch in veränderter Gestalt, wieder ein und entzweien die Gemüter; Spinoza und Leibniz leben nach der gewaltigen Erschütterung durch Kant in Hegel und Herbart wieder auf. Oder aber es eröffnet sich innerhalb des Neuen ein Zwiespalt, welcher die Arbeit so zerteilt und die Kämpfenden so erbittert, daß der gemeinsame Boden darüber schier vergessen wird. So geschah es zu Beginn der neuern Philosophie nach der von Descartes herbeigeführten Umwälzung. Durchgehend liegt in der realen Erweiterung und Berichtigung des Wissens Veranlassung zur Parteibildung, und da eine einmal stattgefundene Spaltung fortwirkt, sowie die mannigfachen Bildungen sich durchkreuzen, so muß sich von hier aus die Lage immer mehr verwickeln. — Aber dem gegenüber wirkt der Drang, unnützes oder unerhebliches fallen zu lassen, alle einzelnen Gegensätze Einem umfassenden unterzuordnen, ein einziges Entweder=Oder nach allen Richtungen durchzuführen. Nur Einen Schwerpunkt kann Interesse und Arbeit haben, nach diesem wird sich alles übrige zurechtlegen. So sehen wir zu Beginn der Neuzeit, so auch bei Kant alle bisherige Parteiung mit ihren Verästelungen verschwinden vor neu aufkommenden Problemen. Demnach zeigt sich ein Widerstreit der Bewegung: Drang nach weiterer Verzweigung und Drang nach Vereinfachung wirken einander entgegen und schaffen immer neue Lagen und Aufgaben.

Den Prozeß steigert ein aus dem Verhältnis der Person zur Partei erwachsender Gegensatz. Die in der Arbeit stehenden können, ohne der Festigkeit ihrer Überzeugung und der Anspannung ihrer Kraft Abbruch zu thun, nicht wohl zugeben, daß sich das Recht unter die Parteien verteile. Nur Eine Wahrheit kann es geben; wer daher eine Überzeugung versicht, muß sie als ausschließliche verfechten. Auf eine Teilung vermag er ebensowenig einzugehen, wie die echte Mutter bei Salomo. Würde er sich aber damit bescheiden Partei zu sein, so hätte er im Grunde auf das Ganze verzichtet; er muß daher mehr sein wollen. Den andern kann er wiederum nicht als Partei gelten lassen, weil dadurch eine gewisse Berechtigung des Fremden, eine Schranke des Eigenen zugestanden wäre. Was für ihn selber zu wenig, das dünkt bei dem andern zu viel. Demnach ist die Partei kein Boden, auf dem zu verharren man auch nur wollen könnte. In Wahrheit zeigen die Kämpfenden durchgehend das Bemühen, sich selbst über den Stand der Partei hinauszuheben, den andern aber darunter herabzudrücken und ihn als einen sich von allgemeingültigen Überzeugungen absondernden Sektierer darzustellen. Eben dieses wohlverständliche, ja notgedrungene Streben der Parteien, mehr als Partei zu sein, führt zu immer weiteren Bildungen und damit zu neuen Parteiungen. Und zwar vornehmlich auf zwei verschiedenen Wegen. Der eine Forscher will über die Gegensätze hinaus, indem er ein neues wie beiden über-

Bildung und Wirkung der Parteien.

legen einführt, an welches der Parteistreit nicht hinanreiche. Aber kaum ist dies entwickelt und einigermaßen befestigt, so wird es dem Andern gegenüber selbst zur Partei oder veranlaßt doch Parteibildungen. Was universell gemeint war, vermag sich im Fortschritt der Bewegung nicht der Partikularität zu entziehen. — Ein Anderer hingegen giebt einen Gegensatz überhaupt nicht zu, nur auf Einer Seite soll sich das Recht befinden. Aber nun liegt auf ihm die Pflicht, den Streit in der Wurzel zu beseitigen, das thatsächlich Entgegenstehende als haltlos zu erweisen. Das aber wird nur möglich sein, indem er das, was er ergreift, vertieft, und, wenn auch versteckt, umbildet. — So verschiebt sich fortwährend die Lage, ohne daß die Handelnden ein Bewußtsein davon zu haben brauchen. Oft schürt eben das den Streit, was ihn ersticken sollte. Aus sachlichen und persönlichen Momenten zusammen aber erhalten wir eine Art Mechanik der Parteien; es eröffnet sich die Aussicht auf eine bei aller scheinbaren Ruhe rastlos fortgehende Bewegung mit umfassenden Zusammenhängen und allgemeinen Gesetzen.

Dieses Gesamtphänomen der Parteiung wird eingehender Betrachtung notwendig zu einem Problem. Es giebt nur Eine Wahrheit und der ganzen Menschheit gehört sie an; widerspricht es nicht ihrem Wesen, als Parteisache behandelt zu werden, muß nicht eine derartige Behandlung die Arbeit entstellen, den Erfolg ausschließen? Zweifellos verrät schon der Schein eines Widerspruches eine der Aufklärung bedürftige Lage. Es läßt sich erwarten, daß die Erörterung des Gegenstandes die gesamte Erkenntnisthätigkeit eigentümlich beleuchte, daß dasjenige, was sich auf diesem besondern Gebiet wirksam zeigt, auch den allgemeinen Überzeugungen eine gewisse Richtung gebe, Einblicke in das Zustandekommen der Erkenntnis erschließe, die sich sonst leicht entziehen möchten.

Die scheinbar einfachste Erklärung des Phänomens hält

der Skeptizismus bereit. Die stete Umbildung der Parteien, das ruhelose Auf- und Absteigen derselben, der Gegensatz zwischen dem Anspruch des Einzelnen auf Allseitigkeit und seiner thatsächlichen Beschränktheit, alles das dient dem Skeptiker als Beweisstück dafür, daß die Philosophie lediglich ein Nebeneinander singulärer Ansichten biete, von gleichem Recht und gleichem Unrecht, und daß ihre Geschichte nichts anderes sei als ein Hin- und Herwogen solcher Ansichten. Indessen meinen wir, daß schon das bloße Phänomen der Parteiung diese Auffassung widerlegt. In der Parteibildung erfolgt eine Vereinigung Vieler, eine Verbindung der Einzelkräfte zu einer Gesamtwirkung. Von einer bindenden Organisation, einer äußerlich zusammenhaltenden Macht ist dabei nicht die Rede. Nichts als ein Inneres kann die Menschen abhalten, in volle Zerstreuung auseinanderzugehen. Wie möchten aber völlig isolierte Kräfte sich innerlich zusammenfinden? Wie ist eine Summierung des Einzelnen, eine auch nur einigermaßen beharrende Konzentration nach einem Punkte hin möglich ohne Gemeinsamkeit des Bodens, ohne Grundlage einer Verständigung? — Aber — wendet man uns ein — nur im kleinen Kreis waltet das Gemeinsame, im Leben des Ganzen, in dem Verhältnis der Kreise herrscht volles Mißverständnis und rastloser Streit. Indes — fragen wir entgegen — könnte eine gegenseitige Erregung, ja ein Zusammenstoß und Streit stattfinden, wenn das Mißverstehen ein völliges wäre? Könnte das eine überhaupt etwas für das andere bedeuten, irgend welche bewegende Kraft auf dasselbe üben, wenn die Teile ohne alles Band nebeneinander stünden? Warum vermögen wir es nicht, andere Überzeugungen als gleichwertig neben unserer gelten zu lassen, etwa wie wir es bei den Empfindungen des sinnlichen Geschmackes thun? Woher der allen Parteien gemeinsame Drang nach einer dem Stand der Partei überlegenen Wahrheit? Alles weist auf eine tiefer-

Bildung und Wirkung der Parteien. 153

liegende Komplikation, als sie der Skeptizismus anzuerkennen vermag. Zwingende Gründe sprechen dafür, daß die Partei mehr ist als ein gelegentliches Aggregat subjektiver Meinungen. Die Frage aber, was sie sei und bedeute, bleibt offen und treibt zu einer anderen Erklärung.

Daß dieselbe sich nicht von den Individuen her finden läßt, bedarf kaum der Erinnerung. Mit der Annahme, daß je nach Einsichten und Neigungen der eine sich hierher, der andere dorthin stelle und sich durch allmähliche Anhäufung Gruppen und Parteien bilden, ist für die wesentliche Lösung des Problems nicht das Mindeste gewonnen. Dabei wird eben das, was zu erweisen ist, die Möglichkeit verschiedener Richtungen nebeneinander, einfach vorausgesetzt. Auch könnte durch solche Anhäufung der Elemente das Wirken und Kämpfen als Ganzes, die Konsistenz der Parteien als historischer Mächte ebensowenig erklärt werden, wie das auf politischem Gebiet möglich ist. Wir werden daher zu der Annahme gedrängt, daß die Spaltung unter den Persönlichkeiten eine Spaltung in der Sache anzeigt, daß die allgemeinen und besonderen Gründe der Parteiung über Wollen und Meinen der Einzelnen liegen. Wie anders wäre es sonst zu erklären, daß immer von neuem Gegensätze entstehen, daß alle versöhnliche Gesinnung der Individuen ohnmächtig bleibt, daß Widerspruch und Kampf nicht der Arbeit äußerlich anhängt, sondern sie durchdringt und beherrscht, daß er zum Vermittler des realen Fortschrittes der Erkenntnis wird? Eine Begründung aus der Sache läßt aber einige Verwicklung erwarten. Denn schwerlich werden die eigentümlichen, scheinbar widerspruchsvollen Phänomene des Parteilebens sich von einem einzigen Punkte her aufhellen. Es gilt also zunächst, die verschiedenen Ursachen, welche hier zusammenwirken, zu sondern, um dann ihre Verbindung zu verstehen.

An erster Stelle scheint zur Erklärung der Universalität

des Phänomens, der Ausbreitung und der eingreifenden Macht des Parteigegensatzes, die Annahme erforderlich, daß in den allgemeinen Bedingungen unserer Erkenntnis, in der Natur der Vernunft und ihrer Stellung zur Gesamtheit des Gegenständlichen verschiedenartiges enthalten sei, das bei Entwicklung des Prozesses sich bis zu streitbarem Gegensatz zu entzweien vermöge. Wir brauchen dabei nicht bloß und nicht vornehmlich an verschiedene nebeneinanderliegende Forschungsgebiete mit eigentümlichem Inhalt und eigentümlicher Methode zu denken; es könnte auch die letzte uns zugängliche Weltbegreifung als Ganzes an mannigfache, einer Trennung und Entgegensetzung fähige Bedingungen geknüpft sein, es könnten bei ihr verschiedene Richtungen in gegenseitiger Ergänzung und Bestimmung ideell festzuhalten, thatsächlich aber ein Bevorzugen der einen, ein Zurücksetzen der andern möglich sein.

Indes entsteht daraus noch keine Parteiung. Die Partei ist etwas historisches, sie erwächst aus der geschichtlichen Lage und wirkt innerhalb derselben. Es muß Erklärung finden, warum der zu Grunde liegende Gegensatz gerade jetzt zum Zwist führt, warum er gerade diese Gestalt annimmt; solche Erklärung aber wird nur aus Thatsachen zu gewinnen sein, welche selber geschichtlicher Natur sind. Als solche geschichtliche Thatsachen betrachten wir aber die großen Werke und Leistungen der Menschheit, die befestigten Ergebnisse ihrer geistigen Arbeit, wie den Ausbau der einzelnen Wissenschaften, die Gestaltung vernünftiger Gemeinwesen, die eigenartige Erfüllung und Wendung des Innenlebens u. s. w. Von diesen Leistungen und Handlungen dürfen wir behaupten, daß sie die Kräfte des Menschen in verschiedener Weise nach abweichenden Richtungen in Anspruch nehmen; wie sich aber in ihnen die Thätigkeit der Vernunft in anderer Weise verkörpert, so stellt sich aus ihnen die allgemeinmenschliche Aufgabe verschieden dar; eine jede enthält den Keim einer eigentümlichen

Denkerfassung des Ganzen. Diese verschiedenen Werke und thatsächlichen Richtungen gewinnen nun in verschiedenen Zeiten verschiedene Bedeutung; je reicher aber etwas ausgebildet ist, je mehr es zur Kraftentfaltung gelangt, einen je hervorragenderen Platz es in der Ordnung menschlicher Zwecke einnimmt, desto mehr wird es die in ihm enthaltenen Prinzipien zur Geltung bringen, desto stärker auf die Überzeugung vom Ganzen wirken. Was dagegen in der Zeit wenig leistet, das muß in der prinzipiellen Schätzung zurückstehen. Da nun in die Philosophie alle einzelnen Wissenschaften und Lebensgebiete einmünden, so wird alle wesentliche Veränderung in ihnen sich auch auf philosophischem Boden bemerklich machen, wie uns das z. B. die neuere Naturwissenschaft täglich vor Augen legt. Aus solcher geschichtlichen Spaltung und Verschiebung ergiebt sich die nähere Möglichkeit eines Gegensatzes und einer Entzweiung. Die Möglichkeit, sagen wir, denn zunächst ist nicht abzusehen, warum nicht der Mensch als Vernunftwesen alle Interessen umspannen und bei Erhebung über den Druck gegebener Lage das Verschiedenartige nach seinem Werte für die Endzwecke der Vernunft gegeneinander ausgleichen könnte.

Er vermag dies auch in gewisser Hinsicht, er vermag es so lange er sich außerhalb der Arbeit hält, in Betrachtung oder Genuß das Gesamtgeschehen sich als Objekt gegenüberstellt und die Ergebnisse in allgemeinmenschlicher Schätzung würdigt. Sobald er aber am Schaffen teilnehmen, in die Arbeit am Gegenstande eintreten will, ändert sich die Lage. Solches Wirken und Schaffen erfordert eine Verbindung subjektiver Bethätigung mit dem objektiven Inhalt des Alls, eine Erfüllung der subjektiven Kraft aus der Beschaffenheit der Sache: nur wenn die Sache Macht über den Menschen gewinnt, erhebt sich die sonst vage Bethätigung zur Arbeit. Eine solche Berührung mit den Dingen, Arbeit in diesem Sinne, ist aber dem Einzelnen nur auf einem sehr beschränkten

Gebiete möglich. Um irgend etwas zu leisten, irgendwo einzugreifen, muß er auf einem besonderen Felde Platz nehmen, sich in Reih und Glied stellen, das Eine erwählen und das Andere lassen. So gerät er unter den Einfluß der eben geschilderten historischen Lage, der realen Verkörperungen der Arbeit; die in ihnen steckenden Interessen und Prinzipien umfangen sein Denken und Sinnen und lenken seine Überzeugung. Dieselbe ist im wesentlichen Produkt seiner Arbeit, ähnlich wie auf politischem Gebiete die realen Lebens- und Wirkungskreise mit ihren Interessen und Prinzipien die Meinungen schaffen und die Parteien hervortreiben. So begreift sich aus der Verzweigung realer Thätigkeit die Thatsache verschiedener Stellungnahme in den letzten Fragen; so begreift sich auch, wie zu vager Versöhnung am meisten die neigen, welche der Arbeit am fernsten stehen.

Aufzuhellen ist jetzt nur noch dies, warum das Mannigfache nicht ruhig nebeneinander beharrt, warum es sich feindlich wider einander wendet. Aber hier liegt die Antwort nahe. Ein gewisser Abschluß ist auf diesem Gebiete der letzten Fragen auch für den Einzelnen unumgänglich notwendig; er bedarf, um als Vernunftwesen sein Leben als Ganzes zu führen und an dem Gedanken des Ganzen das Einzelne zu messen, letzter Ziele und allbefassender Wertschätzungen. Er bedarf für die Hingebung seiner Gesinnung des Glaubens an die Allgemeingültigkeit seiner Überzeugungen. Die Universalität aber, auf die er so gewiesen ist, kann er nicht anders finden als durch Erweiterung des Partikularen, in welchem seine Lebensthätigkeit steht. Nicht daß er ohne weiteres sein Sondergebiet für das Ganze einsetzte; er wird an jenem die universale Aufgabe zu erfassen suchen, ähnlich wie der Anhänger einer politischen Partei bei aller Gebundenheit durch Sonderinteressen nie darauf verzichten wird, lediglich das Wohl des Ganzen zu vertreten; er wird streben, den eigenen Kreis zu erweitern

Bildung und Wirkung der Parteien.

und das draußen Liegende einzuschließen. Aber trotz alles Bemühens wird sich nach den verschiedenen Ausgangspunkten alles Folgende verschieden gestalten; es bleibt dabei, daß dasjenige, was unser Wirken beherrscht, mit ganz anderer Anschaulichkeit und Kraft in unsere Überzeugungen einfließt als das unserer Thätigkeit Fremde. Indem nun aber jeder seine Überzeugung als die alleinzutreffende verteidigt und sie dem Andern gegenüber durchzusetzen sucht, indem ferner Diejenigen sich aneinander anschließen, welche demselben Arbeitsfelde angehören, wird Parteibildung, Zusammenstoß und Streit unvermeidlich. — So vereinigt sich vieles, um dieses Ergebnis zu beschaffen. Mannigfaltigkeit in der Vernunftaufgabe, geschichtliche Gesamtleistungen mit eigentümlicher Verkörperung der Thätigkeit, Notwendigkeit für den Einzelnen, an solche Gesamtleistungen sein Wirken und seine Überzeugung anzuschließen, Drang, der Überzeugung Allgemeingültigkeit zu werben, alles das muß hier zusammentreffen.

Bei dem Ganzen tritt das Subjekt mit seiner bewußten oder gar reflektierenden Thätigkeit sehr zurück. Wie die erste Begründung der Parteien in sachlichen Verhältnissen liegt, so müssen wir sagen, daß dieselben werden und wachsen, nicht sich machen lassen. Wohl wirken die Menschen mit, aber nach einem Gesetze ihres Wesens, nicht, wie es beim ersten Anblick scheinen mag, nach Gunst und Willkür. Es wird in großen Persönlichkeiten der Gegensatz durchbrechen und der Kampf sich entzünden, aber er wird nicht aus individuellen Faktoren entstehen noch sich aus ihnen entscheiden. Auch selbst die Zugehörigkeit des Individuums zu einer Partei wird nicht vorwiegend durch individuelle Faktoren bestimmt. Der Einzelne pflegt in ein Arbeitsgebiet hineinzuwachsen und nach dessen Beschaffenheit seine Überzeugungen zu bilden. Daß er in besonderen Fällen die Entscheidung auch in Widerspruch damit treffe, ist darum nicht ausgeschlossen, aber diese Fälle verschwinden im Ganzen.

Weiter enthält die vorgetragene Erklärung eine Vermutung über den Wahrheitsgehalt der einander entgegenstehenden Parteibehauptungen. Existiert in Wirklichkeit ein Zusammenhang zwischen Parteibildung und realen Geschehnissen des Geisteslebens, so gewinnt die Annahme Halt, daß eine Partei nicht ohne alle und jede Verbindung mit der Wahrheit sei. Allerdings darf nicht schon ihr unmittelbarer Bestand, nicht der bewußte Ausdruck ihrer Thesen Anerkennung verlangen. Aber in den realen Leistungen und Aufgaben, aus denen sie entsprang, wird etwas stecken, das wir nicht einfach verwerfen können. Wie viel dabei noch weiter zu fragen bleibt, es wird die Sache durch jene Beziehung auf die thatsächlichen Faktoren über den Bereich bloß subjektiver Meinung hinausgehoben, der Forschung aber eine Richtung auf sachliche Zusammenhänge gegeben.

Mit dieser bedingten Anerkennung einer jeden Partei ist nicht der bequemen Ansicht gehuldigt, daß die Wahrheit sich zu gleichen Teilen unter die Streitenden verteile. Wo immer ein Streit über Prinzipien entbrennt, wird der eine in größerem, der andere in minderem Rechte sein. Auch geschichtlich finden wir gewöhnlich die eine Partei als die positive, schaffende, die andere als oppositionelle, kritisierende. Was wir behaupten, ist nur dieses, daß als völlig haltlos und ausgeklügelt auch das weniger Berechtigte nicht zu erachten ist. Allerdings können wir dabei die Frage nicht ablehnen, ob alles, was sich als Partei giebt, als echte Partei anzuerkennen sei; es wird eine Kritik der Parteien erforderlich, um zu ermitteln, ob ein die Meinungen bewegender Gegensatz eine thatsächlich Entzweiung bedeutet, ob umgekehrt, was thatsächlich Arbeit und Denken einnimmt, in den vorhandenen Parteien seinen Ausdruck findet. Die Gesichtspunkte für eine solche Kritik würden aus dem vorher Bemerkten leicht zu gewinnen sein.

Bildung und Wirkung der Parteien.

So reicht der Widerspruch, den Partei und Parteinahme der ersten Erscheinung nach darbietet, bis in die Grundlagen des Lebens. Die Erklärung vermag ihn nicht einfach aufzuheben, sondern nur so weit zu verfolgen, bis er aufhört ein isoliertes Datum zu sein und sich vielmehr in prinzipielle Überzeugungen einfügt. Es war ein in der menschlichen Natur angelegter, im Wirken des Lebens zum Ausbruch kommender Widerstreit, den das Phänomen mit seinen eigentümlichen Verwicklungen aufdeckte. Von der einen Seite wirkt der Trieb nach einer unbedingt wahren, allbegreifenden Erkenntnis; aus solchem Ziel empfängt die Thätigkeit fortwährende Belebung und Erhöhung, zu ihm kehrt sie aus der Enge des handelnden Lebens immer wieder zurück. Andererseits aber zeigt sich der Mensch bei dem Übergange zu schaffender Arbeit, bei dem Ringen mit dem Gegenständlichen in hohem Grade bedingt und beschränkt, hier gewinnt die Besonderheit mit ihrer Enge Macht über ihn und nimmt sein Denken gefangen. Daß nun beides nicht nebeneinander herzugehen vermag, sondern daß es an Einer Aufgabe und Thätigkeit gegensätzlich zusammentrifft, das führt zu den Erscheinungen des Parteilebens; dasselbe zeigt ebenso die Enge wie die Weite, die Größe wie die Kleinheit des Menschen, und zwar nicht voneinander getrennt, sondern in Ein Leben und Schaffen verbunden.

Diese Auffassung vom Parteileben wird sich in präziserer Begreifung der mannigfaltigen Erscheinungen zu entwickeln und zu bewähren haben. Betrachten wir in solcher Absicht vornehmlich die Wirkung, welche die Handelnden von der Partei erfahren. Zunächst macht die vorangehende Darlegung es durchaus verständlich, daß das Bewußtsein der im Kampf Befindlichen vom Gedanken des Streites völlig beherrscht wird. Ist der Gegensatz Hebel der Thätigkeit, so wird er sich vor die Gemeinsamkeit der allgemeinmenschlichen

Aufgabe drängen; der Gedanke, an Einem Werke zu arbeiten, geht nicht gerade verloren, aber er wird in seiner Wirkung gelähmt, bis zu schattenhafter Machtlosigkeit verflüchtigt. Auch hinsichtlich des Sachgehaltes, der die Gegner beschäftigt, läßt die Differenz das Übereinstimmende nicht zu deutlichem Bewußtsein gelangen. Da jeder das Ganze von sich aus charakteristisch bestimmen will, so darf er nicht zugeben, daß einzelne Teile dem Kampf entzogen werden und sich damit das strittige Gebiete einschränke. Vielmehr erscheinen von hier die einzelnen Streitpunkte nur als Äußerungen eines durchgehenden Gegensatzes, auch das thatsächlich Gemeinsame wird nach der Verschiedenheit der Grundüberzeugungen anders gewandt, anders verstanden.

Aber nicht bloß die Ansichten, auch die Thätigkeit der Einzelnen empfängt von der Parteiung eigentümliche Wirkungen. Vergegenwärtigen wir uns zur Aufhellung dessen vor allem, was dem Einzelnen durch Eintritt in den Parteikampf an neuem zuteil wird. Es dürften vornehmlich vier Punkte in Betracht kommen. Der Einzelne gewinnt eine andere Stellung zur Sache, indem er sie als seine Angelegenheit gegen andere verteidigt; er wird durch das Streitverfahren selber zu eigentümlicher Fortbewegung veranlaßt; er verbindet sich denjenigen enger, welche er als Mitstreiter findet; er sieht endlich von dem Streitobjekt seine Thätigkeit auch innerlich zusammengehalten und gerichtet. Erwägen wir nun das Einzelne.

Die Notwendigkeit, eine Sache kämpfend zu verfechten enthält einen Antrieb, sich ihrer kräftiger anzunehmen. Das wofür ich streite, wird mir innerlich wertvoller, es wird zu einem Stück meines thätigen Wesens. Indem sich mein Ich in die Sache hineinlegt, ergreifen und beleben meine Affekte das Problem und geben ihm Fleisch und Blut. Der Gegensatz der Gedanken wird zu einem Kampf von Menschen gegen Menschen. Eine derartige Aneignung muß die Kräfte anspannen, den Intellekt schärfen. Es wird, um mit Schopenhauer zu reden, der Wille in den Dienst des Intellekts gezogen, es wird die Stumpfheit und Gleichgültigkeit überwunden, welche das größte Hemmnis der Bewegung bildet. Auch insofern wächst die Erregung, als durch Eintritt in den Parteikampf das Problem ein engeres Verhältnis zu Zeit und Augenblick bekommt. Gilt der Streit als ein eben in dieser Lage zu führender, der Sieg als ein jetzt zu gewinnender, so muß für die Individuen das in ihrer Lebensspanne zu Leistende größere Bedeutung erhalten und größere Kraftentwicklung hervortreiben.

Freilich hat bei dem allen der Gewinn einen hohen Preis: die Einmischung der persönlichen Interessen wird den intellektuellen Prozeß trüben, indem sie nicht nur den Blick für das Thatsächliche einengt und die Unbefangenheit der Deutung beeinträchtigt, sondern auch die Reinheit der die Arbeit tragenden Gesinnung gefährdet, kleines und selbstisches dem Kampf um die Wahrheit zuträgt. Aber mag die Art und Richtung der Thätigkeit noch so ungenügend sein: daß erhebliche Kraftaufbietung gewonnen wird, wo sonst träge Ruhe walten möchte, ist unleugbar. Niemand wird das gering schätzen, der nicht in bequemem Optimismus das Ziel von Anfang an als erreicht setzt.

Es ist aber das neue Verhältnis zur Sache nicht bloß für den subjektiven Antrieb, sondern auch für die inhaltliche Bestimmung der Kraft von großem Werte. Ohne Zweifel wird jeder der Streitenden durch Ergreifung der einen Seite als seiner Angelegenheit und durch Identificierung mit derselben im Verfolg dahin gedrängt, sich lebhafter in die sachlichen Zusammenhänge des Gegenstandes hineinzuversetzen, aus der Notwendigkeit der Sache zu denken und zu reden. Nun liegt für den Erfolg der Erkenntnisthätigkeit alles daran, daß der Forscher den Standort subjektiver Reflexion verlasse, daß er unter den Zwang der Wahrheit komme und ihrer Entfaltung werkzeuglich diene. Natürlich behaupten wir nicht, daß dies nicht anders zu erreichen sei, als durch Stellungnahme bei einer Partei. Aber die Partei dürfte das allgemeinste und leichteste Mittel sein, den einzelnen in irgendwelche Beziehung zu objektiven und allgemeinen Aufgaben zu bringen. Indem er die Gesamtthese der Partei wie aus seiner That hervorgehend erfaßt, indem er sich müht und darnach ringt, Daten und Beweismittel für sie zu erbringen, wird er auf die der Partei zu Grunde liegenden Prinzipien und Interessen geführt, ja gezwungen, sich in dieselben hineinzuleben. Damit treten in seine Arbeit objektive Bestimmungsgründe ein, die ihn zusammenhängender werden denken, sicherer urteilen, reiner die Konsequenzen ziehen lehren als er es aus seiner subjektiven Reflexion vermöchte.

Die Einseitigkeit der so gewonnenen Gestaltung, das unvermeidliche Aufwuchern von Vorurteilen und Mißdeutungen seien darüber nicht vergessen; leicht ist auszumalen, wie viel weiter der Blick, wie viel freier das Urteil sein würde, wenn sich der Forscher außerhalb der Parteien hielte. Aber wie nun, wenn dann das Bild des Gegenstandes ein verblaßtes würde, wenn die Thätigkeit bei aller subjektiven Erregung nicht zu einem Eindringen in die Sache käme, sondern bei matten Auseinandersetzungen über dieselbe, bei bloßem Hin- und Herreden beharrte?

Fragen wir aber weiter, was der Verlauf des Streitverfahrens dem Einzelnen und der Gesamtheit leiste, so wird zu antworten sein: direkt wenig, indirekt viel. Die Gegner verstehen sich viel zu wenig, entbehren zu sehr eines gemeinsamen Forums, als daß der Eine vom Andern einfach aufzunehmen, von ihm aus sich zu ergänzen vermöchte. Thatsächliches mag man einander zugeben, die prinzipielle Deutung findet Zurückweisung. Letztere aber ist es, worauf es im

Streit ankommt. Auch wo Einwand und Angriff weiter treibt und wesentliche Umwandlungen veranlaßt, wird dies dem Streitenden selber leicht als bloße Herausstellung eines innerlich schon Vorhandenen erscheinen, zu welcher der Andere nur die Gelegenheit geboten habe. So sieht es aus, als verdankten die Parteien einander nichts. In Wahrheit aber steht die Sache anders. Zunächst zwingt die weit über den Punkt des Zusammenstoßes hinaus wirkende Gegenwart des Feindlichen zu steter Selbstkritik, sie bringt das Eigne wie zu klarem Bewußtsein, so zu schärferer Ausprägung. Ferner wird durch den Kampf der sonst leicht abschließende Horizont offen gehalten; gegenüber der Verengung der einen Partei dient die andere zur Erweiterung, so daß das mit dem einseitigen Ausgangspunkt gesetzte Übel durch den Prozeß, wenn auch nicht gehoben, so doch verringert wird. Erfolgt ferner selten eine ausdrückliche Einigung über gemeinsame Ergebnisse, so mag doch vieles unvermerkt aus dem Kampfe treten, die Streitpunkte mögen sich verschieben, die Bewegung des Ganzen fortschreiten. Auch hier übersehen wir nicht die Kehrseite, die viel erörterten Mißstände der Betreibung eines Problems als eines Streithandels, die Ersetzung der argumentatio ad rem durch die ad hominem. Aber aufgehoben wird dadurch das vorher Bemerkte nicht, und Vorteil und Nachteil gegen einander abzuwägen, scheint uns eine überflüssige wie unthunliche Sache.

Ferner verändert die Partei die Stellung der Arbeitenden untereinander. Wie sie die Menschen in große Heereslager spaltet, so schließt sie die kleinern Kreise eng zusammen und gewährt dem Einzelnen das Bewußtsein einer Stütze. Durch Konzentration auf besondere Probleme wirkt sie zur Verbindung der Kräfte und läßt die Thätigkeit der Einzelnen enger ineinander greifen. So hemmt sie Zersplitterung und Auseinanderfallen. Dem gegenüber steht der innere Druck,

den die Verbindung zur Massenwirkung gegen die Selbstän=
digkeit und Unbefangenheit des Einzelnen ausübt. Das Ziel
erscheint leicht wie ein ausgemachtes, die den Parteigenossen
gemeinsamen Punkte geben sich mit größerer Kraft, gelten
als sicherer und werden daher auch zuversichtlicher vertreten,
als es sonst der Fall sein würde.

Die Wirkung der Partei bringt aber noch tiefer in das
Innere. Die in ihr stattfindende Zuspitzung der Thätig=
keit, die Beherrschung der Gesamtarbeit von den strittigen
Problemen, sie muß auch unmittelbar in dem einzelnen Teil=
nehmer eine Konzentration der mannigfachen Denkprozesse
auf Ein Ziel herbeiführen, durch Hinblick auf dasselbe inner=
lich eine Gruppierung und Abstufung des gesamten Stoffes
anbahnen. Wie viel dies bedeute, zeigt die Erwägung, daß
alle und jede bahnbrechende Leistung in der Philosophie that=
sächlich bedingt war durch Konzentration der gesamten For=
schung auf Ein großes Problem: von Einem bewegenden Punkt
aus vollzog sich die Umwälzung des Ganzen. Nun giebt
freilich die Partei eine solche Konzentration in sehr unge=
nügender, wir möchten sagen vergröberter Weise. Die Ge=
staltung geht hier von den äußeren Berührungspunkten aus
und wendet sich erst allmählig ins Innere; Entstellung, ja
gelegentlich Verkehrung des Sachverhaltes ist dabei unver=
meidlich. Aber dem Allem gegenüber bleibt der Gewinn, daß
ein leitendes Problem zusammenhaltende und richtende Macht
auf den Gedankeninhalt übt, ein real begründetes Prinzip
engere Verknüpfung und schärfere Ausprägung der einzelnen
Akte erzwingt.

So ist ohne Zweifel die Parteiung ein bedeutsamer
Faktor der Denkarbeit; ihre Behandlung eröffnet einen Blick
auf einen ausgedehnten Komplex eigenartiger Erscheinungen.
Zutreffend zu würdigen vermögen wir denselben sicherlich
nur, wenn wir nicht an erster Stelle fragen, ob die Wirkung

zum Guten oder zum Bösen ausschlage, wenn wir statt einer direkt moralisierenden Würdigung allererst in kausaler Erwägung den Gegenstand nach seinen Gründen und Folgen ermessen. So allein wird sich die Mannigfaltigkeit des Einzelnen zum Ganzen zusammenschließen; dieses Ganze aber, wie es das Thun des Menschen in eigentümlicher Entfaltung zeigt, so mag es auch die ihm zu Grunde liegenden Voraussetzungen erhellen.

Aus solchem Zusammenhange möge hier nur Ein Punkt prinzipieller Art vermerkt werden. Die Parteiung bekundet eine Doppelnatur des Menschen. Sie zeigt uns einmal die engen Schranken und die Gebundenheit des Einzelnen, sie zeigt uns nicht minder einen kraftvollen Drang nach Universalität, nach Überwindung der aufbrechenden Gegensätze. Nur aus beidem zusammen läßt sich die rastlose Bewegung, der unerbittliche Kampf verstehen. Das aber kann nicht im Sinne des Pantheismus so viel heißen, daß das Leben des Ganzen jenseits der Teilwelten der Einzelnen stattfinde, daß dasselbe uns Menschen als bloße Mittel und Werkzeuge zur Darstellung der verschiedenen Seiten und Stufen verwerte. Denn fände sich die Erhebung zum Ganzen völlig jenseits unseres Kreises, so könnte dasselbe für unser menschliches Denken und Wollen überhaupt nichts bedeuten, nichts bewegen, ja ihm nicht einmal gegenwärtig sein. Daß es aber gegenwärtig ist, und kraftvoll gegenwärtig ist, zeigt eben das Parteileben mit seinen Kämpfen. Denn ohne einen immanenten Drang zur Universalität wäre unerfindlich, warum nicht jeder in seinem Sonderkreise verharrte und die andern ruhig ihres Weges ziehen ließe. So wird die Parteiung ein Zeugnis dafür, daß im Dasein des Einzelnen, auf Einem Boden, Leben aus dem Ganzen der Vernunft und Wirken aus der Beschränktheit des individuellen Kreises unmittelbar zusammentreffen; daß der Bestand unserer Entwickelung nicht aus einer jener

Seiten, sondern nur aus ihrer Wechselbeziehung Erklärung finden kann.

Aber diese und andere Probleme, die dem Parteileben anhangen, führen in weitere Verwicklungen. Was zur Darlegung kam, mag zur Erhärtung dessen genügen, daß der Gegenstand im allgemeinen Zusammenhängen steht und daß er wichtige Probleme einleitet.

2. Zur Geschichte der Parteinamen.

Gehen wir, wie wir versuchten, auf die begründenden Probleme und die treibenden Mächte des Parteilebens zurück, setzen wir das Werden der Parteien in enge Beziehung zu den realen Lagen von Erkennen und Leben, so mag ihre Geschichte einen eigentümlichen Wert gewinnen. Was dem ersten Anblick schwankend und zufällig vorkommt, das weist nun auf festere Grundlagen und ausgedehnte Verkettungen. Das Getriebe subjektiver Meinungen und Affekte, klein und widerwärtig, wie es für sich steht, mag sich nützlich zeigen, indem es tiefer liegende Vorgänge und Zusammenhänge aufdeckt, indem es uns ferner zur Anschauung bringt, wie die Einzelnen die Bewegungen und Wandlungen des Erkenntniswerkes miterleben. So mag sich von diesem Punkte eine eigentümliche Durchsicht der Gesamtgeschichte herstellen, die gelegentlich auch wichtigern Aufgaben Dienste leisten kann.

Nun wird Werden und Wachsen der Parteien letzthin nur aus der Bewegung der Gedanken zu erhellen sein; man müßte die ganze Geschichte der Philosophie durchwandern, um zu sehen, wie die Gegensätze, welche den Menschen innerlich erregen, die Einzelnen verbinden und entzweien, und wie den

Begriffen sich auch die Affekte zugesellen. Ob sich eine so weit angelegte Betrachtung lohne, können wir hier dahinstellen; sie würde jedenfalls weiter ausgreifen und systematischer entwickeln müssen, als das Zweck und Grenze unserer Untersuchung gestatten. Aber vielleicht läßt sich der Sache ein leichterer Zugang abgewinnen. Wie wäre es, wenn wir von den Parteinamen, dem greifbaren Ausdruck der Parteiungen, anhöben? Allerdings ist Parteiname nicht Partei. Es können sich Parteien bilden und durch die Zeiten wirken, ohne einen Namen zu finden; es können umgekehrt Bezeichnungen aufgebracht und einige Zeit gehalten werden, wo mehr ein Spielen mit verschiedenen Möglichkeiten als ernstliche Entzweiung der Gedanken vorliegt. Indessen die im Einzelnen unleugbare Inkongruenz von Wort und Begriff möchte sich im Großen und Ganzen ziemlich ausgleichen; in fortwährendem Schaffen und Sichten wird sich immer von neuem eine Anpassung des Zeichens an die Sache vollziehen. Das Wort ist jedenfalls ein Wegweiser zum Begriffe; warum sollten wir ihm nicht nachgehen und sehen, wie weit es uns führt?

In das Besondere des Gegenstandes einzutreten vermögen wir aber nicht, ohne zuvor die allgemeine Verwicklung zu erwägen, welche hier aus dem Zusammentreffen, und zwar einem verhüllten Zusammentreffen, von Begriff und Affekt entsteht. Das Wort soll, so scheint es, das Ding einfach bezeichnen, einen Begriff fixieren. Das aber thut es thatsächlich nur, wenn der Parteiname einer Persönlichkeit, einem Orte, überhaupt einem einzelnen Gegenstande entlehnt ist, der für den Inhalt des Begriffes gleichgültig ist. Wer von Stoikern oder Epikureern spricht, mag' in die Begriffe Liebe und Haß hineinlegen, das Wort als solches bringt keine Aufregung. Sobald aber ein Gattungsname gewählt wird, tritt die Versuchung ein, in dem Wort eine Charakteristik der Sache zu geben, mit ihm Wesen und Ziel der Partei zum Ausdruck zu bringen. Das aber kann nicht leicht geschehen, ohne daß eine Wertschätzung, ein Urteil, sei es zum Guten, sei es zum Bösen, geweckt wird. So geschieht es im besondern, wenn allgemein notwendige oder anerkannt wertvolle Strebungen für die eigene Partei occupiert, dem Gegner aber abgesprochen worden. Wer sich als Idealisten oder Monisten oder Positivisten bekennt, will sich nicht bloß hier oder dort einschreiben, sondern vielmehr zu verstehen geben, daß das eigne Ziel das einzig richtige, allen andern anzumutende sei. Wer hingegen den Anderen etwa als Dogmatiker oder als Materialisten hinstellt, möchte ihn zugleich als einen solchen charakterisieren, der hinter notwendigen Aufgaben des Vernunftlebens zurückbleibt. So wirbt man der eigenen Sache Sympathieen, der fremden Antipathieen.*) Diese Werbung wird aber nur Erfolg haben, wenn das im Wort angelegte Urteil nicht wie ein problematisches hinzukommt, sondern als der Sache untrennbar verwachsen erscheint. Das aber kann es, da in Wahrheit Begriff und Urteil über den Begriff verschiedene Dinge, nur, scheinen wenn es sich versteckt und ohne alle Rechenschaft einschleicht. So aber mag das, was sich als harmloses Werkzeug giebt, eine vergiftete Waffe werden. Auch wird verständlich, weswegen hier so viel über Worte gestritten wird; solcher Streit ist in Wahrheit oft mehr als bloßer Wortstreit.

„Namen, welche einen Sektenanhang bezeichnen, haben zu aller Zeit viel Rechtsverdrehung bei sich geführt", dies Wort Kants trifft ohne Frage zu, aber es möchte bedünken,

---

*) So gilt auch hier das, was Hobbes zunächst für das politische Gebiet behauptet: Solent homines per nomina non res tantum, sed et proprios affectus — una significare (de cive VII 2). Des weitern hat den Einfluß der termes sentimentaux ou passionnés auf die Politik nam. beredt Bentham geschildert (traités de législ. I. 13, 9).

daß bei den letzten Weltfragen die Erregung der Leidenschaften im Lauf der Zeit gewachsen ist. Die gebräuchlichen Parteibezeichnungen des Altertums sind mit wenigen Ausnahmen, wie z. B. „Skeptiker," aus Eigennamen von Personen oder Orten erwachsen; etwaige Beinamen der Schulen, wie z. B. Eristiker oder Dialektiker als Bezeichnung der Megariker, haben eine geringere Verbreitung, sind nicht ausschließend gemeint und enthalten auch im Tadel eher Spott als Gehässigkeit. So ist es eine Ausnahme, wenn ein Wort wie „Sophist" im Lauf der Entwicklung einen herabsetzenden Sinn annimmt. Daß die Parteiverhältnisse des Mittelalters weit verwickelter sind, als wir gewöhnlich annehmen, und daß in den Bezeichnungen viel Unbill und Verzerrung steckt, hat Prantl in seiner Geschichte der Logik einleuchtend dargelegt. Den Höhepunkt aber erreicht der Streit um Parteinamen in der Neuzeit. Bloß bezeichnende Ausdrücke verschwinden vor charakterisierenden; auch der Grad der Leidenschaft scheint zu steigen: vornehmlich wohl wegen des Heraustretens religiöser, sowie praktisch-ethischer Fragen und ihrer Verquickung mit den theoretischen Problemen; aber auch die weitere Ausdehnung des an der geistigen Bewegung teilnehmenden Kreises dürfte zur Entfachung der Leidenschaft beigetragen haben. Darum ist das ganze Problem vornehmlich ein Problem der neueren Philosophie.

Wie immer wir aber solche Verbindung von Begriff und Affekt beurteilen, gerade sie giebt der geschichtlichen Betrachtung der Parteinamen ein eigentümliches Interesse. Denn indem sie uns die Stellung der Individuen nicht so sehr als der Massen zeigt, mit allen Verschiebungen und Wandlungen, macht sie uns etwas greifbar, was sich sonst leicht der Erfassung entziehen möchte, und was doch dem nicht unerheblich scheinen kann, der über den einzelnen Gebieten nicht das Ganze der innern Entwicklung der Menschheit vergißt.

Was aber die Anordnung unserer Untersuchung betrifft, so bietet sich ein zwiefacher Ausgangspunkt. Wir mögen die Parteinamen sowohl in Hinblick auf die Sache als auf die Person behandeln. Einmal können wir die Frage von daher aufnehmen, wie sich in den Parteinamen die Bewegung des philosophischen Denkens spiegelt; weiter aber uns darnach umsehen, wie sich in ihrer Prägung und Verwendung Individuen, Völker, Zeiten eigenthümlich darstellen. Beim ersten Punkt ist die Beziehung zu philosophischen Problemen enger; er soll daher für uns vorantreten. Wir wollen also vornehmlich das Werden, Wachsen, Wandeln und Vergehen der Parteinamen in Beziehung zu dem durch sie vertretenen Gedanken verfolgen.

Solche Erörterung aber können wir nicht beginnen, ohne der Schwierigkeit der Beschaffung des thatsächlichen Materiales zu gedenken und wegen unzulänglicher Angaben um Nachsicht zu bitten. Wo Entstehung oder Verschiebung eines Parteinamens eingetreten ist, darüber läßt sich aus allgemeinen Erwägungen oft nur eine schwankende Vermutung aufstellen; mannigfache Nebenumstände und Zufälligkeiten wirken hier mit, im besonderen ist keineswegs gesagt, daß einflußreiche Namen hervorragenden Persönlichkeiten und bedeutenden Werken ihr Dasein verdanken. Auch ist überaus schwer zur Gewißheit zu bringen, ob das, was uns bei Entstehung und Entwicklung als erster Punkt entgegentritt, in Wahrheit die entscheidende Stelle ist. Denn ausdrückliche Angaben der Beteiligten sind selten, manchmal will sich vielleicht gar das Neue wie ein Altes geben. So können nur anhaltende Beobachtung und mannigfache Vergleichung zu einiger Sicherheit verhelfen.

Beachtenswert ist zunächst der Ursprung der Parteinamen, das Wann, Wo und von Wem. Oft verrät das Wort, wie sich ein wissenschaftlicher Gegensatz zum Parteikampf verschärfte; aber auch bei schon vorhandener Parteiung bekundet die Entstehung einer festen Bezeichnung gewöhnlich einen neuen Abschnitt, eine Verschiebung der Verhältnisse. Was das Wort markiert, das faßt es kräftiger zusammen und grenzt es schärfer ab. Was bislang an Sympathieen und Antipathieen schlummerte, das wagt sich damit kräftiger heraus. — Beginnen wir von den religionsphilosophischen Bezeichnungen, die besonders viel Unruhe erregt haben. Zu genaueren Abgrenzungen drängte hier vornehmlich das Streben der Neuzeit, Überzeugungen zu fixieren, welche unabhängig von der Kirchenlehre einen religiösen Charakter behaupten wollten.*) Der älteste dieser Ausdrücke ist „Deist"; er dürfte aus der Mitte des 16. Jahrhunderts stammen,**) geriet indeß durch eine Flut von Angriffen bald in Mißkredit. Aber was seine Anhänger allererst mit ihm gewollt hatten, die Bezeichnung des Gegensatzes zum Atheismus, das ward bald auch für die Vertreter der Kirchenlehre zum Bedürfnis, und zu solchem Zwecke wurde daher „Theist" aufgebracht. Es dürfte das von England aus geschehen sein; den Gegensatz von theists und atheists kann ich — und zwar in häufiger Verwendung — zuerst bei Cudworth (the true intellectual system of the universe, 1678) nachweisen. Bayle giebt ausdrücklich an, „Théisme" im Anschluß an die Engländer zu verwenden.***) So ist denn wohl auch zuerst in England die Differenzierung

---

*) Die Anhänger des Alten freilich pflegten alle prinzipielle Abweichung zunächst als „Atheismus" zu brandmarken.

**) Viret (1511—1571) bemerkt in der épître dédicatoire des zweiten Teiles seiner 1564 erschienenen instruction Chrétienne: Il y en a plusieurs, qui confessent bien qu'ils croyent qu' il y a quelque Dieu et quelque Divinité, comme les Turcs et les Iuifs. — I'ai entendu qu'il y en a de cette bande, qui s'appellent Déistes, d'un mot tout nouveau, lequel ils veulent opposer à Athéisme.

***) Bayle réponse aux questions d'un provincial III, 13 (s. oeuvres diverses III 932): Ie me sers de ce mot à l'imitation des Anglais pour signifier en général la foi de l'existence divine.

von Deist und Theist erfolgt, welche durch Kant einen besonders präzisen Ausdruck erhalten hat.*) — Pantheist ist zuerst von Toland (1705) verwandt, Pantheismus von seinem Gegner Fay (1709);**) recht geläufig ward es erst mit dem Vordringen des Spinozismus, den man zu Anfang mit dem Schlagwort des Atheismus abzuthun suchte.

Der Ausdruck Naturalist reicht bis ins 16. Jahrhundert zurück. Zur Bezeichnung eines bestimmten Typus verwandte ihn Bodin in dem berühmten „Heptaplomeres" (1588 vollendet), das aber längere Zeit nur handschriftlich engern Kreisen bekannt war. Der Ausdruck war schon in der zweiten Hälfte des 17. Jahrhunderts recht verbreitet, ohne aber zu einer einhelligen Bedeutung zu gelangen.***)

Was im 18. Jahrhundert „Rationalismus" hieß, das wurde zuvor meist mit Socinianismus bezeichnet. Zuerst in den Kämpfen gegen die Gesinnungsgenossen des Calixt dürfte der Ausdruck „rationistae" oder „ratiocinistae" gebildet sein. Rationalist (in dieser Form) scheint aus den englischen Revolutionskämpfen zu stammen;†) es findet sich weiter bei Amos Comenius,††)

---

*) S. z. B. Werke (Kritik der reinen Vernunft) III 428 ff. (Hartenstein 11. Aufl.) Es sei „gelinder und billiger zu sagen: der Deist glaube einen Gott, der Theist aber einen lebendigen Gott (summam intelligentiam)."

**) Böhmer: de Pantheismi nominis origine et usu et notione, 1851.

***) Schon Diekmann konnte in der 1684 erschienenen Schrift de naturalismo drei Arten des Naturalismus (einen feinern, groben und ganz groben) unterscheiden.

†) Lechler Gesch. des engl. Deismus S. 61 führt an: „In den State-papers von Clarendon Bd. II S. XL des Anhangs sagt ein Schreiben vom 14. Oft. 1646: There is a new sect sprung up among them (Presbyterians and Independents) and these are the Rationalists; and what their reason dictates them in Church or State stands for good, untill they be convinced with better."

††) In seiner theologia naturalis (1661), s. Herzogs Realencyklopädie unter Rationalismus.

der es von England erhalten haben kann. Leibniz führt an, daß namentlich seit dem Werke von Ludwig Meyer Philosophia Scripturae interpres (1666) man in Holland von rationalen Theologen gesprochen habe (Werke Ausg. v. Erdmann 484 a), und Bayle bezeugt uns, daß jener Ausdruck keineswegs zum Guten gemeint war.*)

Auch der Umschwung der theoretischen Philosophie zu Beginn der Neuzeit findet sich durch Ausprägung zahlreicher Parteinamen markiert. Es war im Besonderen die kartesianische Schärfung des Gegensatzes von Materie und Geist, welche die Fixierung einer Anzahl von Parteibegriffen hervorrief. Bald nach Descartes tauchen auf Materialist (bei Robert Boyle, noch Jordano Bruno bezeichnet diesen Begriff nicht anders als „Democrit und die Epicureer"), Atomist (ebenfalls bei R. Boyle), Hylozoist (bei Cudworth). Namentlich die beiden ersten Ausdrücke, als einem wissenschaftlichen Bedürfnis entsprechend, verbreiteten sich sehr rasch. Ähnlich brachten auch die spätern Wendungen neue Parteinamen; so der Spinozismus in der Auffassung der Gegner „Fatalismus", was ich zuerst bei Wolff aufweisen kann, die leibnizische Philosophie „Optimismus," das weitern Kreisen namentlich durch Voltaire (s. Candide ou l'optimisme) zugeführt scheint. Auch unserm eignen Jahrhundert gehören manche jetzt allverbreitete Bezeichnungen an. So berichtet über die Entstehung des Ausdrucks „Utilitarier" Stuart Mill in seiner Selbstbiographie (Übers. von Kolb S. 65): „Ich hatte das Wort nicht erfunden, sondern war in einer von Galt's Novellen „das Pfarrregister" darauf gestoßen, in welcher der schottische Geistliche in einer sogenannten Selbstbiographie seinen Pfarr-

---

*) Oeuvres diverses III. 769 a. Bei etwaiger Entfernung von der kirchlichen Lehre vom Sündenfall l'on est censé s' approcher des Unitaires, et l'on s' acquiert dans l' Eglise Réformée le titre odieux et suspect de Théologien Rational.

findern als warnendes Beispiel vorgehalten wird, damit sie nicht vom Evangelium abfallen und Utilitarier werden. Mit knabenhafter Freude an einem Namen und einem Banner griff ich diese Bezeichnung auf, belegte einige Jahre lang mich und andere damit, und im Lauf der Zeit wurde sie auch von einzelnen weiteren Personen adoptiert, welche sich zu den entsprechenden Ansichten bekannten." Von einer philosophie positive sprach schon Saint Simon 1808, die spätere technische Bedeutung gab dem Ausdruck Comte seit 1824, (s. Littré A. Comte et la philosophie positive S. 30 ff.) Im Anschluß an die durch Saint Simon erregten Bewegungen entstand wohl auch kurz nach ihm socialisme (s. Littré a. a. O. S. 82).

Allseitige Verbreitung findet ein Parteiname nicht selten erst nach einer Abänderung der anfänglichen Bedeutung. Bisweilen liegen Wörter längere Zeit wie abseits da, bis sie in Anpassung an neue Lagen die Welt erobern. So erging es z. B. dem Terminus „Monist". Wolff, der ihn schuf, verstand darunter die Anhänger der Systeme, welche die Welt aus Einem Prinzip, sei es Geist sei es Körper, begreifen. So sollte der Terminus Monist „Idealisten" und „Materialisten" umfassen. Aber solche Verbindung sachlich entgegengesetzter Begriffe, einer bloß formalen Übereinstimmung wegen, war viel zu künstlich, als daß das Wort hätte weitere Verbreitung finden können.*) Erst nachdem es in unserem Jahrhundert im Sinne des Spinozismus Ausdruck einer den Gegensätzen überlegenen Einheit geworden war, erhielt es Zugang in das allgemeine Leben. Übrigens ward es hier zunächst zur Bezeichnung des Hegelschen Systems verwandt **)

---

*) Fichte (II 89) verwendet als Gegenstück von Dualismus „Unitismus."

**) So veröffentlichte Göschel 1832 eine Schrift „der Monismus des Gedankens."

und erlangte erst nach einer Ebbe des Gebrauches den jetzt üblichen Sinn.

Aber auch nach Einbürgerung des Parteinamens ist eine Veränderung des Sinnes nicht ausgeschlossen. Dieselbe zu verfolgen ist namentlich dann von Belang, wenn die Verschiebung des Wortes eine Wandlung der Interessen oder der Gedanken anzeigt. So erging es dem Terminus Dualist. Es hat denselben zuerst Thomas Hyde in seinem Werke historia religionis veterum Persarum (170.) gebraucht, und zwar als Übersetzung eines arabischen Ausdruckes des Sachrastani, welcher diejenigen nichtorthodoxen Parsen bezeichnen sollte, welche die Principien des Guten und des Bösen als zwei gleichewige. Wesen erachten.*) In Anknüpfung daran verwandten Bayle und Leibniz gelegentlich das Wort, mit der Erweiterung, daß es den ganzen Parsismus und überhaupt alle Lehre bezeichnet, welche zwei entgegengesetzte ethische Weltprinzipien annimmt. Wolff aber gab dem Ausdruck eine veränderte Richtung dahin, daß er die metaphysischen Systeme besaßt, welche Körper und Geist als selbständige Mächte nebeneinandersetzen, wie dies auch Wolff selbst wollte. So ist das Wort von der Religionsphilosophie zur Metaphysik gewandert.

Weit wechselvollere Erlebnisse hat der Parteiname des Idealismus durchgemacht. „Idealist" dürfte zuerst gegen Ende des 17. Jahrhunderts auftauchen;**) Leibniz hat es (s. Erdmann 186a) im Gegensatz zu „Materialist," wohl in keiner andern Bedeutung, als er sonst formaliste dem materialiste entgegenstellt (702a). Diese Bedeutung des abgeleiteten Wortes ergab sich aus dem überkommenen platonischen Sinn des

---

*) S. nam. Kap. IX S. 164 des angeführten Werkes.

**) Beispiele s. bei Vaihinger in den Straßburger Abhandlungen zur Philosophie S. 94.

Terminus Idee als urbildlicher Form. Aber dieser Sinn war eben in jener Zeit in voller Auflösung begriffen. Schon bei den mittelalterlichen Nominalisten bedeutet bisweilen Idee nichts anderes als subjektive Vorstellung, in diesem dem gewöhnlichen Verständnis näherliegenden Sinne ward es von den aufkommenden Volkssprachen ergriffen (so hat z. B. Montaigne öfter Idee = Vorstellung), und als nun auch die Philosophie in Descartes und Locke es zum Ausdruck für die elementaren seelischen Größen machte, war der Sturz des Alten entschieden. Dieser veränderten Lage mußte sich auch „Idealist" anpassen. Es ward nun Bezeichnung für die Systeme, welche keine Realität außer einer Gedankenwelt zulassen, und da, nicht ohne manche Mißverständnisse, Berkeley als Hauptvertreter einer solchen Überzeugung galt, so schwebten bei der neuen Bedeutung vornehmlich er und seine Anhänger vor Augen. In diesem Sinne kann ich Idealist zuerst bei Wolff nachweisen*). Hier gelten die Idealisten mit den Skeptikern und den Materialisten als „drei schlimme Sekten" (s. Wolff von seinen Schriften S. 583); ja wie sehr die Erinnerung an die frühere Bedeutung erloschen war, erhellt daraus, daß hier eben Plato mit allem Nachdruck gegen die Zugehörigkeit zum Idealismus verteidigt wird.**) Dem so verstandenen Terminus trat nun im Lauf des Jahrhunderts Realismus als Annahme einer vom Denken unabhängigen Außenwelt entgegen, während es bekanntlich im Mittelalter als Widerspiel zu Nominalismus fast den entgegengesetzten

---

*) psychologia rationalis § 36: Idealistae dicuntur, qui nonnisi idealem corporum in animabus nostris existentiam concedunt adeoque realem mundi et corporum existentiam negant.

**) Wolff, de differentia nexus rerum sapientis et fatalis necessitatis pg. 75, führt aus, wenn Plato die Körperwelt Erscheinung nenne, so habe er darunter etwas anderes verstanden als mit den „Idealisten" eine bloße Vorstellung.

Sinn gehabt hatte.*) Diese Lage des 18. Jahrhunderts erhielt eine eingreifende Umwandlung durch Kant. Indem er Idee, Plato und Neuzeit verknüpfend, als einen notwendigen Vernunftbegriff erklärt, dem kein kongruierender Gegenstand in den Sinnen gegeben werden kann, wird ihm das, was bisher schlechthin als Idealismus gegolten hatte, zum „empirischen", „materialen", „psychologischen" Idealismus, dem er sein eignes System als „kritischen", „formalen", „transzendentalen" Idealismus entgegensetzt. Was aber hier Merkmal einer besonderen Art des Idealismus war, das wird bald bestimmend für die Gestaltung des ganzen Begriffes.**) Bei allem Schwanken der Bedeutungen kommen darin die meisten Nachfolger überein, unter Idealismus die Überzeugung von der Selbstthätigkeit und dem Selbstwerte eines weltumfassenden Vernunftprinzipes zu verstehen. Da aber dieser Begriff in den philosophischen Systemen eine weitere und mannigfach abweichende Ausführung erhält, und da auch die frühere Bedeutung oft nachwirkt, wie z. B. bei Herbart, so ist der Terminus in eine große Unbestimmtheit geraten. Aber auch damit möchte, was am Worte sich äußert, einem Stand der Sache entsprechen.

Was beim Ausdruck Idealismus einigermaßen angenähert scheint: das Erlöschen eines technischen Sinnes, verdient für sich allgemeinere Beachtung. Parteiworte mögen einmal veralten und verschwinden, weil der Begriff, dem sie dienen, die Menschheit nicht weiter beschäftigt. So werden die Bezeichnungen der logischen Spaltungen des Mittelalters, wie Formalist, Nominalist, Terminist, nur noch in gelehrtem Interesse

---

*) Der herrschende Ausdruck des Mittelalters ist übrigens realis; realista führt Prantl zuerst bei Petrus Nigri (um 1475) an, s. Gesch. der Logik IV, 221.

**) Die Umwandlung ward übrigens von den Zeitgenossen wohl bemerkt und öfter bekämpft, s. z. B. Plattner Philos. Aphorismen I, 412.

aufbewahrt. Sodann geht das Wort unter, weil es für seinen Begriff ungeeignet oder doch minder geeignet wird als andere. Letzterer Fall tritt ein, wenn die Neuzeit Parteinamen von Personen durch charakterisierende ersetzt, wenn sie statt Demokriteer oder Epikureer Materialist, statt Socinianer Rationalist sagt, wenn Skeptizismus das früher viel gebrauchte Pyrrhonismus verdrängt hat.*)

Zur technischen Verwendung überhaupt ungeeignet wird ein philosophischer Ausdruck vornehmlich durch Ausbreitung und anderweitige Verwendung im allgemeinen Leben. In merkwürdiger Art weiß hier nicht selten der Volksgebrauch Termini der Philosophie zu erweitern und zu verschieben. Eine Erweiterung liegt z. B. vor bei Fanatismus und Enthusiasmus, die noch bis ins 18. Jahrhundert hinein auf das religiöse Gebiet beschränkt waren und hier spezifische Richtungen bezeichneten;**) ähnlich wie Rigorismus ursprünglich auf eine bestimmte Partei bezogen wurde.***) Bemerkenswerter ist eine mit der Ausbreitung eintretende Verschiebung des Sinnes. So ist es dem jetzt in aller Munde befindlichen Egoismus ergangen. Seine Spur kann ich nicht weiter zurückverfolgen als bis zu Wolff. Bei ihm ist das Wort ein Terminus der theoretischen Philosophie, es bezeichnet die nicht

---

*) S. Bayle Diction. unter Pyrrhon: l'art de disputer sur toutes choses,. sens prendre jamais d'autre partie que de suspendre son jugement, j'appelle le Pyrrhonisme: c'est son titre le plus commun.

**) Litterarische Angaben darüber s. bei Walch, im Philos. Lexikon unter jenen Ausdrücken.

***) Bayle berichtet darüber (dict. 2452): C'est le nom qu'on donne dans le Pays-bas Espagnol aux Iansénistes et aux pères de l'oratoire, et en général à ceux qui suivent les maximes les plus opposés au relâchement de la morale. — La méthode de ces messieurs est nommé le rigorisme.

sowohl vorhandene wie als möglich angenommene Denkrichtung, welche außer dem einzelnen besonderen Subjekt nichts als wirklich setzt und daher nichts außer den eigenen Vorstellungen anerkennt.*) Das Gegenstück dazu bildete Pluralismus, die Annahme mehrerer denkenden Wesen. Dies ist der vorwaltende Sinn des 18. Jahrhunderts, wenigstens in Deutschland. Dann aber hat sich allmählich der Begriff des praktischen oder moralischen Egoisten ausgesondert und dieser ist durch Aufnahme in allgemeine Verwendung rasch so gang und gäbe geworden, daß die anfängliche Bedeutung völlig in Vergessenheit geriet. Bei Kant ist die Wandlung mitten im Fluß. Er hat Egoismus noch in dem allgemeinern Sinn Wolffs und setzt ihm wie dieser Pluralismus entgegen,**) aber er hebt auch den Begriff des moralischen Egoismus scharf hervor***) und hat sicherlich durch seine Vertiefung der Moralbegriffe erheblich dazu beigetragen diesem Sinn das Übergewicht zu verschaffen.

Noch eigentümlichere Wandlungen hat in kurzer Zeitspanne das Wort Nihilismus †) erlebt, das ebenfalls philosophischen Ursprungs ist. Es dürfte nämlich allererst bei

---

*) Wolff psych. ration. § 38: Idealistarum quaedam species sunt Egoistae, qui nonnisi sui, quatenus nempe anima sunt, existentiam realem admittunt, adeoque entia cetera, de quibus cogitant, nonnisi pro ideis suis habent.

**) In unserm Jahrhundert ist von Comte als Gegenstück zu Egoismus „Altruismus" aufgestellt.

***) Kant (Anthropol.) VII, 440 (Hartenstein): „Endlich ist der moralische Egoist der, welcher alle Zwecke auf sich selbst einschränkt, der keinen Nutzen worin sieht, als in dem, was ihm nützt. Alle Eudämonisten sind praktische Egoisten."

†) Über Ursprung und Entwicklung des Ausdrucks ist neuerdings in den Tagesblättern viel verhandelt. S. namentlich E. Sack's Aufsatz in der Frankfurter Zeitung vom 17. Juli und meinen in der Allgemeinen Zeitung vom 24. Juli 1885.

F. H. Jacobi vorkommen. In dem Sendschreiben an Fichte (von 1799) sagt er: „Wahrlich, mein lieber Fichte, es soll mich nicht verdrießen, wenn Sie, oder wer es sei, Chimärismus nennen wollen, was ich dem Idealismus, den ich Nihilismus schelte, entgegensetze" (s. Werke III, 44). Es schien ihm nämlich der Idealismus, vornehmlich in der Gestalt, die er bei Fichte annahm, aus der Wirklichkeit herauszufallen; daher wendet er dagegen auch an andern Stellen das Schlagwort des Nihilismus. Bald darauf findet sich Nihilismus bei Jean Paul in der Vorschule der Ästhetik (1804). Poetische Nihilisten nennt er hier solche, welche „Ichsüchtig" die Welt und das All vernichten und lieber in die Öde der Phantasie verfliegen, wo sie keine Gesetze zu befolgen finden, als eigene, engere, kleinere. Die Übertragung auf das politisch-soziale Gebiet scheint zuerst in Frankreich, wohl in Verbindung mit den Bewegungen der Julirevolution, erfolgt zu sein.*) Die jetzt übliche spezielle Bedeutung hat das Wort seit Turgenjews „Väter und Söhne" (1862) erhalten. So hat es sich immer weiter von seinem philosophischen Ursprunge entfernt.

Offenbar kann die Verfolgung solcher Verschiebungen mannigfaches Interesse bieten, wenn dasselbe auch mehr kulturgeschichtlicher als philosophischer Art ist. Wandern und Wandeln des Ausdrucks mag nicht selten geistige Bewegungen und Zusammenhänge bemerklich machen, die sonst verborgen blieben, und durch den Gewinn feiner Nüancen und verwickelter

---

*) Krug sagt in der 2. Auflage seines allgemeinen Handwörterbuches der philosophischen Wissenschaften (1838) 2. Abt. S. 83: „Im Französischen heißt auch der ein Nihiliste, der in der Gesellschaft, und besonders in der bürgerlichen, nichts von Bedeutung ist (nur zählt, nicht wiegt oder gilt), desgleichen in Religionssachen nichts glaubt. Solcher sozialen oder politischen und religiösen Nihilisten giebt es freilich weit mehr als jener philosophischen oder metaphysischen, die alles Seiende wissenschaftlich vernichten wollen.

Zur Geschichte der Parteinamen. 181

Beziehungen mag sich dabei ein reicheres Bild des geschicht=
lichen Lebens ergeben, als die erste Ansicht gewährt. Die
Schranken der Sache brauchen darum nicht übersehen zu
werden; wenn die Philosophie ihre Arbeit aus Ideen führt,
so wird sie schon Sorge tragen, daß das kleine die Verbindung
wahre und nicht ins kleinliche verlaufe.

Soweit haben wir die Parteinamen in ihrer Beziehung
zum Inhalt des Denkens verfolgt; weiter aber sollte ihr Ver=
hältnis zu den hervorbringenden Kräften: Zeiten, Völkern,
Persönlichkeiten, zur Erwägung kommen. Wie die Schöpfung
der Namen, die Fixierung der Bezeichnungen eine eigenartige
Leistung ausmacht, so wird sie auch dem Gesamtbilde des
Wirkens einen charakteristischen Zug einfügen. Den Unterschied
der Hauptepochen berührten wir schon oben; hier mag hinzu=
gefügt werden, daß die Fragen, ob viel oder wenig Partei=
namen, ob rasche oder langsame Veränderung derselben, in
welchen Gebieten vornehmlich Bezeichnungen entstehen und
in welcher Richtung sie weiter wandern,*) wenn auch nicht
eine besondere Untersuchung, so doch im Zusammenhange wissen=
schaftlicher Arbeit einige Beachtung verdienen dürften. Die
uns jetzt geläufigen Parteibezeichnungen entstammen drei Haupt=
quellen: dem Altertum (z. B. Skeptiker, Dogmatiker, Empiriker),
dem Beginn der Neuzeit, im besonderen dem 17. Jahrhundert,
und der neuesten, wir möchten sagen, gegenwärtigen Zeit. Unter
den modernen Völkern ist auf diesem Felde keines so produktiv
gewesen wie das englische. So hat es z. B. allein von der
Mitte des 17. bis zum Beginn des 18. Jahrhunderts auf=
gebracht: Rationalist, Atomist, Materialist, Hylozoist, Theist,
Pantheist, Dualist. Auch die Gegenwart zeigt das Fortwirken

---

*) So zeigen die Parteinamen des Mittelalters das Vorwalten der
Logik; in der Neuzeit treten erst Religionsphilosophie und Metaphysik,
dann Erkenntnislehre und praktische Philosophie in den Vordergrund.

dieses Triebes. So soll das weit verbreitete Agnosticismus von Huxley (1859) gebildet sein, auch Relativismus dürfte aus England stammen. Unter den Deutschen ist in der Prägung von Parteinamen niemand fruchtbarer und einflußreicher gewesen als Wolff.

Damit gelangen wir zu den einzelnen Denkern und ihrer Stellung zu unserem Gegenstande. Im allgemeinen sind hier nicht die großen schaffenden Philosophen die Werkmeister; standen sie doch zu sehr mitten in der Sache und bewahrten sich zu viel Freiheit gegen alle schematischen Formeln, als daß ihnen das Mühen um Parteinamen viel Sorge und Freude hätte bereiten können. Doch schließt das nicht aus, daß die Klarheit, in denen sich ihnen, wie z. B. einem Kant, begriffliche Gegensätze darstellen, zu erheblicher Verschärfung der Parteinamen führt. Gewöhnlich aber waren es die Nachfolger, welche die neue Lage in neue Bezeichnungen zu kleiden suchten. Unter den Kartesianern steht hier voran Robert Boyle, unter den Leibnizianern Wolff.*)

Auch die Verwendung von Parteinamen bekundet die Eigentümlichkeit der Denker. Ein Zeichen geringerer Art ist ohne Frage die Ersetzung sachlicher Erörterung durch Operieren mit einschmeichelnden oder gehässigen Parteinamen; aber auch bei echten Denkern walten hier manche Unterschiede. Je mehr ein Philosoph sich an die Entwicklung anschließt und die Summe bisheriger Bewegung mit seinem Denken zusammenzufassen glaubt, wie ein Leibniz, desto weniger drängt es ihn zur Verwendung sondernder Bezeichnungen; je mehr sich einer

---

*) Wolff entwarf folgendes Schema der Parteien:
  Skeptiker . . Dogmatiker
    Monisten . . Dualisten
      Idealisten . . Materialisten
  Egoisten . . Pluralisten.

dem bisherigen Laufe entgegenstellt, je mehr sich ihm das
Überkommene in ein Entweder — Oder zerlegt, wie einem
Kant, desto weniger wird er präziser Unterscheidungen entraten
können. So mögen sich weitere Ausblicke ergeben. Aber
solches Wirken und Walten an dem Ausdruck wird immer
auf die Leistungen an der Sache zurückweisen, und darauf
einzugehen überschreitet den Rahmen unserer Aufgabe.

Unser Zweck ist erreicht, wenn zu einiger Anschaulichkeit
gelangt ist, daß im Zusammenhange wissenschaftlicher Arbeit
die Parteinamen der Geschichte von Philosophie und Kultur
eigentümlichen Nutzen bringen und als Wegweiser zu bedeut=
sameren Vorgängen dienen können.

I. Verzeichnis der Eigennamen.

Apelt 55. 60. 71.
Aristoteles 59. 66. 69. 124. 126.
 138. 140. 141.
Augustin 13. 19.
Bayle 171. 173. 175. 178.
Bentham 168.
Berger, E. v. 120.
Berkeley 176.
Bodin 64. 172.
Böhme, J. 37. 45.
Böhmer 172.
Bonaventura 17.
Boniß 138.
Bruno, Jordano 6. 29. 60. 173.
Boyle, R. 173. 182.
Calixtus 172.
Comenius 172.
Comte 174, 179.
Cudworth 171. 173.
Darwin 134.
Descartes 11. 55. 62. 67. 70. 139.
 176.
Dietmann 172.

Dionysius 13. 17.
Eckhart 4. 18.
Fabricius 61.
Falckenberg 6. 20.
Fay 172.
Fichte 174. 180.
Ficinus, Marsilius 39.
Fludd, R. 58.
Galilei 67. 70.
Galt 173.
Gilbert 67.
Göschel 174.
Hegel 120. 129. 174.
Herbart 57. 177.
Hobbes 168.
Hume 91. 96.
Hurley 182.
Hyde, Thomas 175.
Jacobi, F. H. 180.
Jhering, R. v. 134.
Kant 79—114. 139. 168. 172. 177.
 179. 183.
Kepler 13. 54—74.

Kopernikus 68. 70. 94.
Krug 180.
Kues, Nikolaus v. 6—31. 58. 60.
Lechler 172.
Leibniz 6. 12. 16. 29. 54. 59. 62.
 63. 64. 72. 73. 84. 94. 98. 139.
 173. 175. 182.
Littré 174.
Locke 176.
Marx 33.
Maupertuis 72.
Meyer, Ludwig 173.
Mill, Stuart 173.
Montaigne 176.
Moot 34 ff.
Mystiker 17. 23. 28. 35.
Neuplatoniker 8. 12. 17. 22. 29.
 39. 64.
Newton 55. 72.
Nigri, Petrus 177.
Osiander 70.
Paracelsus 32—53.
Paul, Jean 180.
Plato 118. 124. 126. 176.
Plattner 177.

Plotin 13. 15.
Prantl 54. 69. 169. 177.
Proklus 64.
Pythagoreer 69.
Ritter, H. 26.
Sack, E. 179.
Schelling 55. 74. 120 ff.
Schopenhauer 161.
Sigwart 32. 54.
Simon, S. 174.
Spinoza 173. 174.
Stoiker 12. 63.
Taurellus 66.
Toland 172.
Trendelenburg 117—144.
Turgenjew 180.
Vaihinger 80. 175.
Viret 171.
Voltaire 173.
Walch 178.
Whewell 55.
Windelband 54.
Wolff, Ch. 83. 173. 174. 175. 176.
 179. 182.
Zimmermann 15.

II. Verzeichnis der Parteinamen.

Agnosticist 182.
Altruist 179.
Atomist 173.
Deist 171.
Dogmatiker 181.
Dualist 175.
Egoist 178 ff.
Empiriker 181.
Enthusiast 178.
Fanatiker 178.

Fatalist 173.
Hylozoist 173.
Idealist 175 ff.
Materialist 173.
Monist 174.
Naturalist 172.
Nihilist 179 ff.
Optimist 173.
Pantheist 172.
Pluralist 179.

Positivist 174.
Rationalist 172.
Realist 177.
Relativist 182.
Rigorist 178.
Skeptiker 169. 181.
Socialist 174.
Theist 171.
Utilitarier 173.

Druck von Greßner & Schramm, Leipzig.

www.ingramcontent.com/pod-product-compliance
Lightning Source LLC
Chambersburg PA
CBHW020845160426
43192CB00007B/798